DESPERTE A
Mulher Poderosa
QUE EXISTE EM VOCÊ

Universo dos Livros Editora Ltda.
Rua do Bosque, 1589 – Bloco 2 – Conj. 603/606
CEP 01136-001 – Barra Funda – São Paulo/SP
Telefone/Fax: (11) 3392-3336
www.universodoslivros.com.br
e-mail: editor@universodoslivros.com.br
Siga-nos no Twitter: @univdoslivros

MARIA MELILO

DESPERTE A
Mulher
Poderosa
QUE EXISTE EM VOCÊ

São Paulo
2014

UNIVERSO DOS **LIVROS**

© 2014 by Universo dos Livros

Todos os direitos reservados e protegidos pela Lei 9.610 de 19/02/1998.

Nenhuma parte deste livro, sem autorização prévia por escrito da editora, poderá ser reproduzida ou transmitida sejam quais forem os meios empregados: eletrônicos, mecânicos, fotográficos, gravação ou quaisquer outros.

Diretor editorial: **Luis Matos**

Editora-chefe: **Marcia Batista**

Assistentes editoriais: **Cássio Yamamura, Nathália Fernandes e Raíça Augusto**

Preparação: **Bárbara Prince**

Revisão: **Geisa Oliveira**

Arte e adaptação de capa: **Francine C. Silva e Valdinei Gomes**

1ª edição 2014

Dados Internacionais de Catalogação na Publicação
(CIP) Angélica Ilacqua CRB-8/7057

D489
        Desperte a mulher poderosa que existe em você / elaborado pela equipe Universo dos Livros. – – São Paulo : Universo dos Livros, 2014.

    144 p.

    ISBN: 978-85-7930-687-7

    1. Personalidades - Biografia 2. Melilo, Maria Helena 3. Big Brother Brasil (Programa de televisão)

14-0142   CDD 920

Sumário

Prefácio 7

Capítulo 1
Big Brother Brasil e as lições da fama 11

Capítulo 2
Sete dicas para "deixar os homens aos seus pés" 29

Capítulo 3
Como construir seu amor-próprio 43

Capítulo 4
Como ser uma milionária de sucesso? 55

Capítulo 5
O dilema diante do câncer 61

Capítulo 6
Três lições para alcançar os seus sonhos 95

Capítulo 7
Família e amigos... sempre muito preciosos 103

Capítulo 8
Mente sã, corpo são 109

Capítulo 9
O maior segredo de Maria 117

Capítulo 10
Você pode ser bela, milionária e vencedora 125

Prefácio

Meu nome é Maria Helena Jurado Melilo, mas poderia ser Joana, Cristina, Luciana, Juliana, Ana, Amanda e tantos outros nomes de mulheres em suas lutas diárias. Sou uma mulher guerreira e vencedora. Artista. Venci o *Big Brother Brasil 11*, as dificuldades no amor e até mesmo uma doença difícil.

Minha vida mudou completamente no dia 28 de março de 2011. O Brasil me elegeu para ganhar 1,5 milhão de reais em um *reality show* na Globo. Aquele programa me transformou em uma mulher poderosa. Quero que, ao ler este livro, você aprenda lições para sua vida por intermédio da minha história.

Essa vitória, que foi uma das maiores da minha vida, pôs fim a uma história que comecei em 2009. Eu vi, naquele programa, uma oportunidade para impulsionar minha carreira. Por isso, tentei duas vezes entrar na competição.

Quando a Globo me recusou na primeira vez, essa foi a melhor forma de chamar minha atenção. Não conseguir algo de cara é o melhor incentivo para batalhar pelo que quero. O que vem fácil não chama tanto a minha atenção. Sou uma mulher assim, que reage quando é provocada.

Consegui entrar na casa. Fiquei três meses lá dentro.

Apaixonei-me por dois homens completamente diferentes na casa. E, enquanto encarava paredões, festas, votações e momentos complicados, também tive de superar problemas amorosos. Eu aprendi, de forma literal, a conquistar os homens. E fiquei milionária.

No mês de outubro daquele mesmo ano, eu descobri que tinha hemangioma epitelioide, um tipo raro de câncer no fígado. Fiquei em choque. E, naquele momento, assim como quando ganhei o prêmio, tudo mudou.

Quando soube da doença, o sonho pós-*BBB* parou e o foco era superar o câncer. Nessas horas, penso que o pior inimigo é a cabeça. Então decidi não me curvar diante da doença. Era o que minha mãe sempre me falava.

Mesmo sabendo que estava encarando uma doença grave e pouco estudada pela Medicina, eu acreditei que venceria esse difícil desafio e me joguei de cabeça para me curar, nem que fosse um dia de cada vez.

Hoje eu esbanjo saúde, para dar e vender, graças a Deus. O câncer está sob controle. Quero dizer ao país o que aconteceu de verdade comigo nesse ano. Resolvi contar agora porque não tenho nada a esconder e para que todos saibam que podem vencer na vida como eu fiz.

Decidi então escrever este livro, que é obrigatório para as mulheres guerreiras e para as que querem batalhar pelo seu espaço. Quero chamar também a atenção dos homens para minha história de superações. É um livro para todo mundo.

Ele tem esse título, *Desperte a mulher poderosa que existe em você*, pois mostra as lições que podem ser tiradas dos meus talentos e das minhas conquistas. Existe alguém dentro de você. Uma Maria, talvez, que está sedenta por desafios, quietinha por puro comodismo.

MAS TODOS NÓS SOMOS VENCEDORES?

Tive garra para a maioria das coisas na vida. Por isso, acredito de verdade quando alguém diz que todos podemos ser vencedores.

Atuei em peças de teatro inspiradas na obra de Nelson Rodrigues, retratando o universo de inúmeras mulheres diante dos homens. A realidade das peças de Nelson é dura, mas retrata um lado positivo na vida. E eu vi isso no *BBB*. Consegui mostrar todo meu carisma e bom humor. Eu sou uma pessoa muito simples. Por isso, não existe muito segredo na minha intimidade. O que o Brasil todo viu na TV sou eu mesma. De carne e osso.

Aconteceu comigo. Poderia ter acontecido com você.

Nem todo mundo quer ser atriz ou ator de teatro, e nem todas as pessoas são viciadas em exercícios físicos como eu sou até hoje. Poucas pessoas têm a oportunidade de participar de um *reality show* na maior rede de televisão de um país. Menos gente ainda pode ganhar o *BBB*. Porém pode ser que você, leitor, seja um futuro ex-*BBB*. Ou até um futuro milionário.

Se eu puder ajudá-lo com um pouquinho da minha vida, cheia de otimismo e boas lições, ficarei muito feliz. Minha vida é um livro aberto, para que todos possam crescer comigo.

Cheguei em um patamar de fama, de sucesso e de estabilidade financeira. Porém, poucas vitórias são maiores do que conseguir lutar contra uma doença delicada como o câncer.

Confira a minha história, os meus conselhos e as minhas dicas. Nas próximas páginas, vou contar tudo o que lembro e o que fez a diferença em meu caminho. Você aprenderá a tirar forças de onde não tem, a aproveitar as oportunidades que não surgem diante de seus olhos e a desfrutar dos pequenos e dos grandes sucessos.

Não deixe de dar uma espiadinha na minha vida!

Capítulo 1

BIG BROTHER BRASIL
E AS LIÇÕES DA FAMA

Eu venci o *Big Brother Brasil 11*. Como fiz isso?

Fui eu mesma todos os momentos, e fui filmada pelas câmeras da Globo por 24 horas, todos os dias. Enfrentei provas de líder, encarei paredões e tive meu destino escolhido pelo público. Pessoas do país inteiro votaram. E eu tive de superar desafios naquele jogo da vida real.

Tive medo de perder, em inúmeros momentos. Tive também medo de não estar fazendo a coisa certa, o que é esperado das pessoas que normalmente participam, sabe? Penso assim e às vezes me sinto insegura.

Contudo, se eu entro em um jogo, eu jogo até vencer. Insisto e tento sempre achar um jeito de conseguir conquistas que ainda não alcancei. Tento sempre descobrir como me superar.

O que mais fiz no *BBB* foi me jogar, curtir.

Fiz tudo na casa me divertindo, amando, superando decepções e sempre crescendo. Quando não estava bem com algumas pessoas, um anjo caiu do céu para mim na forma de um livro. Li um best-seller chamado *Deixe os homens aos seus pés* (Universo dos Livros, 2011), que me fez pensar sobre as relações entre as pessoas e sobre minha própria imagem como mulher.

O tipo de livro que mais me agrada é aquele que dá lições para superar dificuldades, com muitas dicas e conselhos que podem ajudar. Leio bastante esse tipo de coisa, porque funciona como uma espécie de terapia para mim. Hoje, não tenho dúvida de que *Deixe os homens aos seus pés* foi um presente de Deus. O livro me ajudou a ganhar forças na reta final do programa e a vencer completamente aquela competição.

O livro foi esquecido por outras *sisters* que estavam na casa. Ele foi levado pela Adriana Sant'Anna, que, quando foi eliminada, o deixou com a Paula Leite. Elas nem leram até o final, e eu o pedi emprestado. Aquela história de superação recuperou minha autoestima e manteve minha fé.

Estava com milhares de dúvidas se o que eu estava fazendo valia a pena. Eu tinha feito as escolhas certas? Valia a pena voltar a amar uma pessoa que tinha me menosprezado? As palavras honestas da Marie Forleo me fizeram enxergar que a sinceridade é o único caminho, mesmo diante dos milhões que me assistiam na televisão.

Minha aventura no *BBB* começou entre 2010 e 2011, quando fiquei confinada por quase três meses, com as pessoas e o Bial – que sempre falava frases bastante profundas, que me faziam refletir sobre o jogo, a saudade da minha mãe e da minha família. Ali precisei de garra para vencer preconceitos de homens e de mulheres. Vim do Grande ABC e consegui aquele prêmio de 1,5 milhão de reais.

TODO MUNDO PRECISA DE UM PLANO, NÃO É? EU TIVE UM: O *BBB*

Eu queria fazer sucesso. Não queria apenas tentar. Minha meta era aparecer na TV, porque eu tinha um objetivo muito claro: fazer novelas.

Estava nova, nos meus vinte e tantos anos, com uma carreira toda diante dos meus olhos. Já tinha viajado fazendo teatro, o que me fez querer crescer na profissão. Passei a ser mais ambiciosa e a procurar mais oportunidades para atuar, aparecer e me tornar famosa.

Faltava alguma coisa para eu realizar meu sonho.

Estava feliz, e muito, mas não bastava.

Foi, então, que vi a propaganda do *BBB* na TV. Era a oportunidade perfeita. E eu não poderia estar mais certa de que a casa, o jogo com os *brothers* e os conselhos de Pedro Bial seriam os degraus necessários para meu sucesso.

Mesmo assim, as portas não se abririam de cara.

Fiz a inscrição para a edição de 2010, no finalzinho de 2009. Mesmo pedindo bastante no vídeo que enviei, eles não me deram nenhuma resposta. Esse tipo de coisa acontece. Nós precisamos nos acostumar.

Ao invés de desanimar, tomei isso como o impulso necessário para tentar no ano seguinte. Passei a assistir o programa, a vibrar com os participantes, e queria entrar naquilo. Sou o tipo de mulher que não desiste no primeiro tombo. A primeira recusa pode ser o estímulo perfeito. Não sou do tipo que se dobra facilmente. Repito, eu jogo até vencer.

Tentei de novo, com fé de que daria tudo certo para participar do *BBB 2011*. Isso aconteceu no final de 2010. Desta vez, eu consegui e fiquei muito feliz quando me chamaram para ser entrevistada pela Globo.

Por que eu achava tanto que o *BBB* me ajudaria como atriz?

Quando me inscrevi, achei que o programa me exibiria para o mundo, para muito além de onde eu tinha chegado. O Brasil veria a menina levada que eu sou, que gosta de homens e que não desiste diante de obstáculos. Aquele seria um grande espaço para ser eu mesma. E eu não podia estar mais certa. O *BBB* era uma forma de abrir portas.

Foi por esse motivo que eu disse, naquela entrevista, que não era apenas o prêmio final que me atraía, embora eu morasse de aluguel em São Paulo.

Mas isso não significa que eu não quisesse dinheiro. Dinheiro é bom e faz parte do sucesso. Dentro do meu plano, tracei metas claras: comprar uma casa própria, abrir uma loja e ajudar o hospital de câncer.

Fui sincera e meu plano podia ter sido um fracasso, mas a Globo me chamou e aquele foi o caminho do sucesso. Coloquei na minha cabeça que bastava ser sincera e simples. Eu queria ser da TV. E a TV foi minha, porque eu consegui vencer aquele jogo contra muita gente, que estava ali por diferentes motivos.

O *BBB* foi uma experiência única, porque eu estava confinada com quase vinte pessoas. Lá no *Big Brother*, não ganha quem *joga*, ao contrário do que normalmente dizem. Para mim, ganha quem *se* joga. E eu me joguei. Dancei, bebi, amei e vivi intensamente, dia após dia.

Existiram problemas lá dentro? Claro que sim!

O mais difícil é estar naquela casa sem brigar, tentando se dar bem com todos. Há pessoas com quem, infelizmente, você sabe de cara que não vai se dar bem. Você percebe no olhar. Assim que começou o *reality show*, eu sabia que algumas pessoas não gostavam de mim. E há pessoas com quem você briga no meio do caminho.

Ao amar e lidar com relacionamentos, vi que isso faz parte do jogo social dentro da casa. Algumas pessoas tinham preconceito com a minha aparência, que eu batalhei para ter com muito exercício e esforço. O que eles não contavam é que eu tinha a simpatia do Brasil, ingrediente vital para o sucesso.

A verdade é que eu fui muito zoada dentro da casa. Teve gente que criou uma palavra que colou com todo mundo. Diziam que, quando eu não sabia de algo, eu "mariava". E usavam essa palavra para tirar sarro quando eu não entendia piadas. Mas nada disso abalou a minha consciência. Estava livre para dizer o que pensava. Cheguei a fazer meu próprio grupo de amigas, as "pretinhas" do *BBB*, com a Jaqueline Faria e a Talula Pascoli. Essas duas lindas me deram uma grande força lá.

Foram mais de dois meses naquele jogo da vida real. Depois de participar, comecei a assistir, de fato o, *BBB*, coisa que eu não fazia antes. Muitas coisas me marcaram lá, como as provas de liderança, os anjos que protegiam amigos nos paredões e a votação do público. Era sempre uma tensão.

Mesmo assim, logo que entrei no programa eu falei que estava pronta para me exibir para o Brasil inteiro. E eu estava. Era o que eu mais queria naquele momento. Era fama para abrir portas, não apenas dinheiro. Sempre fui focada nos meus objetivos e ali não era diferente. Foi dessa forma que descobri que você não precisa jogar para ganhar. Sendo eu mesma, eu venci aquele jogo, mesmo com as câmeras em cima de mim. Eu acredito que, com caráter e personalidade, a gente supera qualquer problema.

Lá dentro, eu vivi muitas fases diferentes

Um dos meus grandes momentos foi quando, enfim, ganhei sozinha uma prova do líder. Era com a Adriana, e a gente disputava uma marca de tintura para os cabelos. As provas eram muito competitivas, mas, acreditem, elas não eram o pior momento do *reality show*. O problema era quando o público entrava no meio.

As votações eram uma coisa pesada na casa, para todo mundo. A hora do paredão era bem tensa. Quando a gente tinha de votar, e quando era aberto, o clima mudava. Tudo pesava naquele momento, e votar contra alguém era da natureza do jogo, mas ficava um mal-estar com a pessoa que foi votada.

Eu nunca me senti traída nas votações, mas me pegou de surpresa uma vez que o Igor Pachi votou em mim. Ele me colocou no paredão, mesmo depois de falar que votaria na Talula. Disse que fez aquilo porque não tinha opção. Foi no começo do programa. Ele podia ter feito com outras pessoas. Por que foi justo comigo?

O *reality show* é realmente um jogo que mexe com seu psicológico. Tudo depende muito, sinceramente, de como você se relaciona ali dentro. Por isso é fundamental ter um plano.

Na casa, você tem vontade de falar muitas coisas. Muitas dessas coisas fazem parte do que você pensa e do que você aprende ali. Porém, eu me podava, pois não sabia como as pessoas se comportariam se eu dissesse o que estava na minha cabeça. No *BBB*, seus sentimentos ficam muito mais aflorados. Antes, eu não tinha medo do que ia dizer para as pessoas, mas passei a ter um cuidado maior. Isso é bem importante.

Um "negocinho assim" vira uma coisa grande

Às vezes, você conversa com alguém lá e a outra pessoa fica magoada. A gente fica sensível no confinamento, com muita pressão de todos os lados. E isso acabou me provando que a solução da maioria das coisas está na cabeça da pessoa.

Você precisa ter bons pensamentos para lutar e superar cada dificuldade. Foi assim que eu aprendi.

Estar ali foi uma lição para mim. Passei a deletar, automaticamente, coisas que poderiam me prejudicar. E também deixei passar muitas coisas que me chateavam. Você precisa "relevar" as coisas. Lá dentro, pensei muito antes de agir.

Na verdade, eu acho que você tem de ter uma cabeça boa. As pessoas ali estão morando com você. Estão com você o tempo todo. Você acorda, convive e dorme junto. Eu tive de tomar cuidado com meu comportamento. Às vezes, dava vontade de discutir. Mas nem sempre vale a pena, meus amigos! Acabei abafando algumas coisas chatas.

O *BBB* fez toda a diferença em minha vida. Até o Pedro Bial, que falou tanto sobre o programa e deu conselhos para todos nós lá dentro, confessou este ano (2014) algo que eu não esperava: ele disse que ficaria comigo, entre todas as participantes de todas as edições do *BBB*. É muita honra, porque foram quatorze edições! Ser desejada dessa forma é para poucos. Até brinquei no meu Instagram, nesses dias, falando que "ah, se eu soubesse antes...". Imagine, meu leitor! Aquilo repercutiu de maneira absurda, claro! Mas era só uma brincadeirinha. Eu gosto muito do Bial e me senti lisonjeada com a escolha dele. Fez eu me sentir desejada e poderosa.

CHEGUEI AONDE EU QUERIA!

Eu estava feliz da vida, nunca tinha passado por algo parecido.

Vivi um sonho naqueles dias após março e a vitória no programa. Ia às festas, conhecia pessoas e comprei meu apartamento aqui em São Paulo. Até então, eu morava de aluguel. Vivi um relacionamento, uma vida muito diferente da minha época de solteira. Estava me sentindo poderosa, querida e amada pelo Brasil. Comecei a engatar novos projetos.

Com o dinheiro do *BBB*, realizei todos os meus desejos. Comprei um belo apartamento em São Paulo, fiz alguns investimentos e estava pronta para utilizar tudo o que pudesse para abrir portas no mundo artístico e ajudar pessoas.

Foi uma boa ideia, não foi? Minha mãe e minha família ficaram felizes da vida. Nunca me viram tão radiante. E mesmo tão realizada, eu continuava a mesma de sempre, simples. Desfrutei de tudo o que podia naquele momento de felicidade.

Estava no auge.

É meio estranho dizer isso, mas o país parecia uma pessoa. E essa pessoa estava me abraçando. Eu me senti abraçada pelo Brasil e tudo aquilo era inesperado e emocionante. Eu era capa de revista, e os jornalistas ficaram doidos para me entrevistar. Minha assessora teve muito trabalho nessa época.

Fiz amigos, presentes na minha vida até hoje. A Talula manteve um contato muito próximo. E o Daniel Rolim, que ficou em terceiro lugar e cuidava de um asilo na época do *reality show*, se transformou em um dos meus melhores amigos. Na final, eu achei com sinceridade que ele fosse vencer. Ele também merecia muito o prêmio e ajudaria muita gente. Por isso mesmo, fiquei completamente boquiaberta com o discurso do Bial. Chorei muito, pulei muito e curti minha felicidade. Eu não esperava nada daquilo.

Tem gente que diz que eu sou apenas uma celebridade. Eu fiquei famosa, mas ainda me considero uma pessoa trabalhadora. E uma sonhadora. E é por isso que eu estava muito feliz com aquela vitória. Era como viver um sonho no mundo real.

Também fiquei sabendo de coisas chatas que ocorreram dentro do *BBB* sem que eu percebesse. Isso aconteceu quando consegui ver as gravações dos momentos do programa. Tinha bastante coisa ali que me deixou muito surpresa. Você só sabe completamente o que aconteceu quando sai da casa.

Decepcionei-me com o MauMau, o Maurício Joah. Nas gravações, vi que ele falava muito mal de mim. Isso me deixou decepcionada, surpresa, com um misto de sensações... Mas já passou. E eu acabei vendo, cada vez mais, que eu era uma pessoa forte no jogo. Não tinha a menor ideia disso, sabiam?

Quando estava lá dentro, eu vivenciava tudo, dia após dia. Não tinha condições de me avaliar em todos os momentos e havia desistido de traçar estratégias. Quis me jogar no *BBB*. E deu muito mais certo do que para os outros participantes.

Esse é um dos grandes segredos, eu sempre repito.

Ninguém lá dentro imaginava que eu venceria, o que causou um choque ainda maior. A forma como o público vê a gente surpreende. Sempre que era convocada para um paredão, eu pensava que sairia. Fui parar em dois, um no começo e outro bem nos 45 minutos do segundo tempo. Uma votação antes da final, eu tinha certeza de que seria eliminada. Éramos eu, a Diana e o Wesley. Ambos tinham ido e voltado de seis paredões.

Eu achei que era fraca diante de Diana.

O Bial disse que achava que eu estava "pronta pra sair". Eu realmente estava. E isso não aconteceu. Eu não saí. Foi um dos momentos mais felizes, só perdendo para quando eu ganhei o jogo de fato. Foi surpreendente.

Aquela vitória no finalzinho me fez ter uma ideia do que estava acontecendo lá fora e acendeu dentro de mim uma esperança.

No final, quando o Pedro Bial anunciou que eu fiquei em primeiro lugar, o Wesley em segundo e o Dani em terceiro, nós tivemos um espanto completo. O Daniel ficou surpreso, ele pensava que iria ganhar. E eu não achava que iria. É uma coisa muito louca isso. O público é completamente imprevisível.

Isso é legal, mas lá dentro a gente não sabe o que acontece. Não temos a menor ideia de como está o mundo lá fora. No *reality show*, a Talula era minha superamiga, do bem, e aqui fora ela era vista como vilã. Ela me ligou para falar sobre isso: "Amiga, estão me pintando como vilã!". Eu fiquei surpresa. Ela me disse que a estavam chamando de "a poderosa chefona". De "manipuladora". Falavam essas coisas só porque as opiniões dela guiavam. Ela falava algo como "vamos votar em fulano?". A Talula tinha uma visão assim de jogo. Ela foi, durante todo o *reality*, uma jogadora. E, como eu já mencionei, acredito que jogadores normalmente não ganham.

Para vencer, deve-se curtir as festas e dançar. Eu só pensava em curtir ali dentro. Já que estou aqui, pensava, nem quero focar no jogo. Pessoal só falava de jogo. Jogo, jogo, jogo. Eu nem falava nisso. Estava pensando na pessoa com quem estava ficando, na paquerinha. Nessas coisas. Então, eu votava em quem me dava vontade na hora.

O jogo o força a votar, e eu votava, mas eu curtia tudo aquilo também. Era o que realmente me importava. Não fiz isso com muito planejamento, apenas fui fazendo. E foi isso que de verdade deu certo. Foi do que o público gostou.

Eu não pensava em cada coisa manipulando a meu favor. Eu sou como canta o Zeca Pagodinho: "Deixa a vida me levar, vida leva eu!". Cada dia era uma surpresa naquele programa. Então, eu ia seguindo naturalmente.

A final foi assim: eu tive 43% dos votos. O Wesley Schunk, o homem com quem fiquei e namorei depois do MauMau, ficou na segunda posição, com 31%, além do prêmio bacana de 150 mil reais. Em terceiro ficou Daniel Rolim, com 26% dos votos do Brasil. Dizem que mais de 51 milhões de pessoas votaram. Eu fico muito feliz por ter sido vista por tanta gente diferente. Fico honrada até hoje por essa aceitação e esse carinho.

COMO FOI O *BBB* PARA MINHA FAMÍLIA

O que minha mãe diz não é mentira: entrar no *BBB* mudou completamente minha vida. Ela sentiu que parte de sua privacidade foi invadida. Nem toda a minha família é como eu. No caso de mamãe, ela sempre foi uma pessoa discreta. E o *reality show* gerou um assédio que ela não esperava. Eram autógrafos por todos os lados e as pessoas que conviviam comigo não estavam acostumadas. Contudo, era a oportunidade de realizar meus sonhos.

O assédio continua até hoje. É uma fama muito maior do que todos imaginávamos. "Agora nós temos uma filha famosa", diz mamãe, com orgulho nos olhos.

Aquilo pegou todos de surpresa. Mesmo assim, minha mãe acompanhou tudo de perto e estava lá quando o Bial disse que eu tinha ganhado o prêmio.

Aliás, há uma curiosidade interessante sobre minha mãe, Alicia. Ela teve um papel muito além de torcedora naqueles dias de *BBB*.

"Deus revelou para mim, antes que o programa terminasse, que minha Maria seria vencedora", minha mãe diz. Ela é evangélica desde 2001. Um dia antes de o *reality* acabar, um jornalista ligou para fazer perguntas a ela sobre o paredão que estava rolando. Mamãe, na época, estava na Igreja do Evangelho Quadrangular. A imprensa noticiou essa entrevista pouco antes da votação.

E eu ganhei o *Big Brother Brasil 11*.

Essa é uma das coisas mais misteriosas que aconteceram comigo. Não temos como negar o poder de Deus ou da espiritualidade. E minha mãe, assim como toda a família, me deu forças para vencer aquele desafio. Ela já dizia que eu iria ganhar.

Aquela mensagem divina deixou ainda mais mágico o momento da vitória e toda a fama que eu conquistei naquele programa.

Ficamos ainda mais unidas naquela situação toda.

DEPOIS DO *BBB*, EU POSEI NUA!

Em junho de 2011, saiu a minha revista *Playboy*, com fotos lindas em Buenos Aires. Fiz minha cara de sapeca, mostrei meu corpão e ainda consegui ganhar um dinheiro com o ensaio.

Aquele momento foi especial. Minha mãe Alicia nasceu na Argentina e eu fui criada lá por alguns anos. Viajava para lá com regularidade. Acho que precisava fazer isso por ela. Foi a minha forma de homenagear minha mãe, uma mulher fundamental para definir quem eu sou hoje.

Eu já tinha recebido uma proposta da *Playboy* antes de entrar no *BBB*. O convite veio depois das pessoas descobrirem meu trabalho como modelo. O problema foi o cachê, que era pouquinho. Tive de recusar. Foi até engraçado isso, pois eu ganhei o

BBB e os caras já estavam me esperando do outro lado da porta. Foi em seguida.

Como rolou esse segundo convite da *Playboy*, dessa vez por um valor bem maior, resolvi fazer as coisas do meu jeito. Escolhi a dedo um fotógrafo para o meu ensaio: J. R. Duran. Eu queria o melhor profissional. O resultado, como já tinha deduzido, ficou impressionante. Sou apaixonada pelo trabalho caprichado do Duran.

Tive que tomar um pouco de champanhe para mandar bem no ensaio. Minha mãe foi gentilmente convidada pelo Duran a dar uma volta enquanto eu fazia as imagens. Mesmo assim, ela quis acompanhar de perto meu ensaio. Acho que as imagens ficaram sensacionais e a ideia de fazer aquilo foi muito importante pra mim.

Jornalistas divulgaram de maneira errada que eu fui fotografada em cabarés. Utilizamos apenas casas de tango, apartamentos e a própria rua. Uma moradora da cidade gentilmente cedeu o espaço dela para fazermos as imagens. A ideia era retratar aquele ar todo da Argentina, que é diferente do Brasil, mas muito familiar para mim.

Buenos Aires é como eu. Eu sou romântica como os argentinos, e tenho a sensualidade típica do Brasil.

O QUE APRENDER SOBRE OS MEUS DESAFIOS E A MINHA FAMA?

Com as coisas boas e ruins que ocorreram comigo antes, durante e depois do *BBB 2011*, eu aprendi importantes lições. Gostaria de repartir algumas delas aqui com você, minha leitora e meu leitor. Aprende-se muito buscando seus reais desejos e ganhando uma oportunidade de ouro na televisão.

Saber trabalhar seus "defeitos" para atingir suas ambições, sempre!

Na escola, eu era chamada de "Olívia Palito" e não tinha o corpo que desejava. Isso eu também vou explicar melhor ao longo do livro. Mas, em vez de me ofender com as brincadeiras e comparações, eu entrei rapidamente no ritmo dos exercícios físicos e das dietas. Para fazer isso direito, a gente precisa manter o rigor e a disciplina. Tem de batalhar para vencer, principalmente se quer se tornar um mulherão.

Quando era bem novinha, me exercitei para chamar atenção de homens e ganhei a rivalidade das mulheres. Mas não aconteceu apenas isso. Cuidar do corpo foi meu trampolim para entrar na carreira de modelo e atriz. Minhas peças me fizeram viajar e conhecer o Brasil. Visitei cidades e realidades muito diferentes da minha. Senti-me como uma mulher representante de nosso país.

Para mim, os desafios são sempre um estímulo. Eu preciso persistir diante de qualquer dificuldade. Faz parte de quem eu sou. "Se eu entro num jogo, eu jogo até vencer", acabou virando um mantra para mim. Acho que é uma frase que poderia ser utilizada por qualquer mulher no mundo, para triunfar em suas trajetórias pessoais. Vencer na vida significa perder algumas vezes, mas nunca desistir. É insistir até vencer, sempre.

Hoje nenhum homem, nenhuma pessoa e nenhum obstáculo me colocam para baixo. Gosto muito de pensar assim. Tento manter o otimismo e uma boa relação com minha autoestima. Tenho sempre de confiar em mim mesma. Tenho medo de perder isso, e de perder qualquer defesa às dificuldades da vida. Isso tudo me leva até a segunda lição da minha participação no *BBB*.

Elaborar planos e projetos, mesmo sem saber o seu futuro

Eu tinha um plano antes do *BBB*, durante e depois. Atuei como modelo e atriz e queria ser um mulherão na TV, em especial nas novelas. E, quando pensei isso, não queria pouca coisa. Queria ir direto para a Globo, o canal com maior audiência absoluta no Brasil. Não me contento com pouco. Não quis menos. Eu queria aparecer na maior rede de televisão do país. Eu sou sincera e acreditei no meu potencial para ter sucesso. Queria que todas as pessoas pensassem um pouco como penso.

A gente tem de ser assim na vida, especialmente quando se é mulher. O mundo tem muitos desafios logo de cara para a gente, como a competição com os privilégios dos homens, os salários desiguais, o preconceito da sociedade com a nossa sexualidade, entre vários problemas e complicações. Mesmo assim, se a gente não tiver grandes ambições, não avançamos muito, não é? Um grande objetivo não se concretiza sem planejamento.

Planejar não é simples no mundo de hoje. Tem essa coisa da internet, não é? Notícias o tempo todo. Estamos tuitando, postando no Facebook, nos maquiando, procurando namorados com a ajuda da internet, ganhando status pessoal e profissional... É muita coisa acontecendo ao mesmo tempo! Porém, quando você define um foco, surge a determinação necessária para atingir o objetivo.

Qualquer coisa na vida precisa desse tipo de foco. Você deixa de ser menina e se torna uma mulher ao fazer seus próprios planos. É dessa forma que eu encarei meu sonho de atriz. Não precisei conversar com muitas pessoas ou especialistas para discutir um planejamento estratégico. Minha ideia foi aparecendo aos poucos. As coisas demoram um pouco para acontecer na minha vida, embora o *BBB* tenha deixado tudo muito rápido depois.

Vi o comercial do *reality show* na TV. Vi que aquele programa atinge o Brasil inteiro e é muito comentado. Vi que eu seria monitorada 24 horas. E daí eu pensei: vou conquistar a fama ideal para minha carreira. A fama que mereço.

Ao pensar em fama, e não apenas em fortuna, acabei criando um plano que deu certo. Ao ser escolhida para o *BBB11*, eu sabia que teria a exposição necessária para me tornar uma pessoa conhecida. E fiquei feliz com tudo o que veio depois.

Você tem de ser original, mesmo quando as pessoas criticam

Dentro da casa do *BBB*, você tem que ser você mesma. Havia festas para curtir, além das provas e das novas amizades. Você é seduzida para jogar. E isso é uma baita armadilha! Você fica com medo de ficar por fora e perder amigos porque não faz o que as pessoas normalmente fazem na casa.

Por fazer o que bem entendia, eu fui criticada quando não sabia algumas coisas sobre determinados assuntos. Fui acusada de "mariar". Mesmo "mariando", conquistei o carisma e os votos que garantiram a minha vitória no programa.

Lá no *BBB* não disfarcei que sou louca por exercícios e por ter o corpo em forma. Sou saudável, fazer o quê? Também não deixei de ter meus casos amorosos diante das câmeras em tempo integral. Vivi também um drama diante das brigas com as pessoas da casa. Suportei tudo, em todos os momentos. Batalhei.

O que aconteceu no programa foi isolado. Mas lá eu bebi, amei, dancei e curti tudo.

Acho que deveríamos ser nós mesmos durante a vida toda. Cultivar a sinceridade para conseguir o melhor das pessoas. Viver de aparências e fazer coisas apenas para agradar não vale a pena. Aprendi logo a não cair no jogo de imitar os outros vencedores, achando que daria certo da mesma forma comigo. Fui autêntica, com certeza. Esse foi o caminho que escolhi rumo ao sucesso.

Ao ler aquele livro, o *Deixe os homens aos seus pés*, eu pensei em deixar de lado as manias que me prejudicavam, além de impedir que as pessoas na casa me "maltratassem" ou tirassem sarro de mim. Aprendi a ter respeito próprio e rever o que deveria me valorizar, independente do que as pessoas acham. A gente tem de pensar em si, porque, afinal, ninguém vai pensar pela gente, certo?

Foi muito bom receber todo aquele carinho do país enquanto descobria minhas qualidades, meus defeitos e minhas peculiaridades.

Capítulo 2

Sete dicas para "deixar os homens aos seus pés"

Eu entendo um pouco de Psicologia e uma das coisas que aprendi com ela é que refletimos em nossa vida as coisas que nos acontecem. A gente vai se construindo conforme as nossas experiências. O que somos hoje é também fruto do nosso passado. É isso que você precisa ter em mente ao lidar com eles ou com elas, queridos leitores.

As pessoas chegam a mim até hoje e perguntam: "Oi, eu li aquele livro que você recomendou. Mas, afinal, você aprendeu a deixar os homens aos seus pés?".

Sim, leitores, eu consegui. Aquele livro me ensinou muito sobre a conquista e o amor próprio.

No *BBB* eu estava atrás de um homem que não queria nada comigo, o MauMau. Eu ficava "me humilhando" para tê-lo ao meu lado, sendo que existia outro homem que me queria bem e que me dava valor. Um dia depois que terminei de ler *Deixe os homens aos seus pés*, pensei: "Espera aí. Nós mulheres temos de aprender a nos dar valor. Esse sim é o lance da autoestima!".

Isso mudou tudo em mim.

Hoje considero-me uma pessoa com autoestima elevadíssima. Eu não fui sempre assim. Agora eu penso em ficar com quem gosta de mim, e não o contrário. Eu penso, com segurança, em só correr atrás de alguns homens. Não tem sentido ir atrás de quem não me quer. Antes do *BBB* eu insistia em pessoas que não me queriam. Humilhei-me ainda mais por alguns homens do que fiz pelo MauMau. Tentava até o fim.

Hoje me dou valor. Eu não sei se é o amadurecimento, porque eu era novinha e talvez tivesse aquele lance de que o mais difícil pode ser o mais gostoso. Isso acabava virando um desafio que me prejudicava.

Hoje eu gosto de homens que me tratam como uma mulher. Eu aprendi isso, com toda a certeza, depois do *BBB*. Eu precisava me dar valor como mulher.

Um dia, na época do *BBB*, eu disse para o MauMau: "Não quer? Tem quem quer. Está cheio de gente que quer". Então virei as costas e fiquei com o Wesley.

Foi isso o que as mulheres aplaudiram, porque naquela hora eu me dei valor. Isso fez com que elas se identificassem comigo.

Os homens sempre foram muito próximos e, ao mesmo tempo, um grande obstáculo na minha vida. Sempre estive bem pertinho deles, mas com a ambição de muitas meninas: ficar sempre bonita para atrair a atenção dos rapazes bonitões. Também não queria ser zoada por eles.

Sempre fui feminina, mesmo perto de tantos homens. Mesmo assim, dentro do *BBB* eu despertei meu lado feminino e descobri que não deveria me submeter a qualquer coisa que os homens dizem. A Maria que eu me tornei descobriu dentro de si o mulherão que podia cuidar de si mesma. Isso me animou e me anima a buscar meus objetivos de vida.

Mas tive muita ajuda, tanto de amigas dentro da casa como da família e de outras pessoas. O livro que tanto me ajudou, *Deixe os homens aos seus pés*, conta a história de uma mulher como eu. Ele foi escrito por Marie Forleo, uma consultora na área de moda que, quando tinha vinte e poucos anos, vivia com o noivo em Nova York, Estados Unidos. Ela aproveitava uma vida perfeita e estável. Porém, as coisas não ficaram bem, infelizmente.

Ela tinha acabado de sair de um trabalho estressante no mercado financeiro, diz o livro. E foi assim que decidiu escrever. Para deixar de se aborrecer, para desabafar e para aprender com isso. E o que ela descobriu no processo? Que não amava verdadeiramente seu namorado. Ela teve de terminar o relacionamento e foi ousada, corajosa.

Hoje ela é rica e poderosa. Marie Forleo escreve para revistas americanas reconhecidas, como a *Self Magazine*, a *Forbes*, a *Women's Health* e a *Prevetion*. Adoro essa história de vida. O livro dela me enche de esperança diante de qualquer problema. A Marie hoje também tem um novo relacionamento. É ou não é uma história inspiradora?

Li sua história e aprendi a me amar. Aprendi também que os homens vão eventualmente provocar momentos ruins, chatos e estressantes. Qualquer pessoa vive isso, não é? Até no relacionamento entre amigos. O que não se pode fazer ao perder um relacionamento é absorver toda a negação, sem filtro nenhum, esquecendo o lado bom da vida. Devemos cultivar o otimismo e as coisas boas para passar, sem medo, pelas dificuldades. E os contratempos existem para a gente se superar.

Pensando nisso, quero ajudá-la diretamente, minha leitora. Penso sempre que, de repente, minha vida pode inspirá-la. Por isso, criei sete dicas que ajudam a deixar os homens aos seus pés, sem encarar nada que você não queira. E essas dicas de amor, de amizade e de relacionamento também ajudam a lidar com os obstáculos naturais da vida, que todo mundo enfrenta.

PARA AMAR OU CONQUISTAR, UMA MULHER TEM DE AMAR A SI MESMA

A Marie Forleo teve de aprender isso no final do noivado dela, mesmo que o antigo namorado oferecesse uma vida sensacional em um apartamento confortável. Eu aprendi com ela que não devemos nos prender a nenhum homem. A gente tem de se virar sozinha, não é? Ao ler aquele livro, entendi que o amor próprio só existe quando fazemos exatamente o que queremos, sem sofrer por causa de quem namoramos e amamos.

Há coisas que não mudam nunca. Nunca mesmo.

Mulher precisa se dar respeito, não tem jeito. A gente não pode ficar rastejando por homem, nem sofrer nenhuma humilhação. Não podemos deixar que pisem em nós. Aquele livro era um passatempo que me fez entender que não havia nada de errado em mim. Não estava "mariando". Eu precisava apenas ser eu mesma. A gente tem que fazer o que realmente nos agrada. Aprendi isso e levei para a vida. A autoestima forte é o primeiro passo para conquistar o orgulho e manter os planos em ordem.

Só quando você está em ordem consigo mesma é possível amar um homem, ter uma relação íntima com segurança e sentir se aquele novo laço em sua vida vai de fato para frente. Não dá para aproveitar o melhor da vida se a cabeça estiver uma bagunça. A minha ficou bagunçada no *BBB*. Isso nunca dá certo.

A mulher que tem estabilidade é mais forte para construir um casamento ou uma vida conjunta.

Para amar o próximo, a mulher deve se amar. Com o passar do tempo, eu me tornei evangélica. Acho que a religião ajuda a ter uma visão de mundo única. E foi assim que eu entendi os ensinamentos de Deus. Eles estão aí para mostrar que tudo vai dar certo e que devemos confiar em nós. A mulher, para amar ou conquistar aquele bonitão, tem de se amar.

Esse amor próprio você constrói todo dia, minha amiga, meu amigo. Não é de uma vez. É de pouquinho em pouquinho, como se você juntasse grãos de areia.

Sou uma pessoa simples, com uma família carinhosa, do ABC paulista. Mas desenvolvi aos poucos aquele desejo de vencer e a minha garra. Não quero ter uma vida qualquer, sabe? Foi assim que eu tive meu próprio sucesso. E eu sou absolutamente leal aos meus propósitos. Tento fazer o máximo por mim mesma, sem dar satisfação para ninguém.

E você, está pronta para olhar para dentro de si e tirar a força necessária para amar outra pessoa? Está disposta a rever decisões, derrotas e vitórias? Eu acho que tive essa força. Você pode ser como eu, conquistando os próprios sucessos. Você pode ter sua própria força. Acredite em você!

AO AMAR OUTRA PESSOA, VOCÊ DEVE SER LEAL E CORRETA

Há mais algumas coisas que você precisa ter para conquistar aquele gatinho irresistível. Não basta se amar; faltam alguns detalhes que fazem toda a diferença na conquista e na manutenção do relacionamento.

Conquistada a autoestima, o mulherão que você é estará pronto para se dedicar ao gatinho que você deseja. Você estará firme, se sentindo poderosa e confiando no seu taco. Seu orgulho e sua iniciativa farão a diferença.

Porém, não basta atrair os olhares, seduzir e chamar atenção. Uma vez que o relacionamento engrena, você precisa amar de verdade para que as coisas deem certo. Foi isso que aprendi principalmente depois de sair do *BBB*, começando e terminando relacionamentos. Conhecendo pessoas. Nem todas as perdas foram fracassos. E eu costumo aprender com tudo. Sou sapeca e sempre sei me virar.

A lealdade é uma característica rara nos relacionamentos que vejo por aí. No passado, os casais eram diferentes, mas os homens já traíam demais as mulheres. Isso era socialmente aceito, uma pena. Acabávamos infelizes e magoadas com os constrangimentos. Era duro demais e, com muitos homens, ainda é.

Contudo, as mulheres estão conquistando direitos, espaço e destaque. A gente deixou de ter uma função secundária na sociedade, meninas. Eu fico feliz por viver em um mundo assim, porque hoje sei que tenho mais chances de ser respeitada, admirada e querida por todas as pessoas. Conheci homens incríveis e pessoas que me mostram o tempo inteiro que sou uma vencedora.

Vivemos em um mundo diferente e bom. Mesmo assim, ainda há casais que se divorciam, e, muitos homens, às vezes, preferem uma vida de solteiro, sem compromissos. Casamento é coisa do passado e é difícil ver um homem destacado dos demais. Infelizmente, minha leitora.

Mas eu penso diferente dos homens e dos casais de hoje.

É essa pouca lealdade que me faz discordar da maioria das pessoas. Ao ter o amor próprio, a mulher deve ser fiel ao seu homem, leal aos seus interesses por aquele companheiro. Para mim, ser fiel é ser correta com aquele homem e com o relacionamento. Para isso acontecer, o homem precisa respeitar a lealdade, compartilhar o sentimento e vivenciá-lo com a mulher. É assim que os casais deveriam se formar e ficar juntos.

Busco essa lealdade em relacionamentos. Procuro um sentimento realmente legal entre duas pessoas, mantendo meu otimismo, que me ajudou a conseguir um espaço no teatro e na TV.

Repito: a mulher tem que se dar o respeito. Não pode deixar que os homens falem mal dela. Não pode deixar nem que outras mulheres façam isso. E, às vezes, elas são muito piores. Temos que lutar para atingir nossos objetivos. Por isso, ao amar uma pessoa, você deve ser leal e correta. Quando venci o *BBB*, conheci muitas pessoas, de todas as classes sociais, fãs e celebridades, gente especial e comum. Fui chamada para festas. Ainda sou chamada. E, mesmo sendo abraçada pelo Brasil, tenho uma família que é fiel a mim. A lealdade e o apoio da minha mãe, por exemplo, são qualidades muito importantes.

Seu parceiro, seu marido, seu irmão e seus pais devem ter essa qualidade. Eles podem dar o empurrão no momento em que você mais precisar.

EU CORRO ATRÁS DE HOMEM PORQUE PREFIRO ASSIM, QUERO SABER QUE FIZ TUDO O QUE ERA POSSÍVEL

Olha, eu já sofri por conta dos homens, viu? Sofri e me deixei sofrer. Ao ir para o *BBB*, a única coisa que mudou bastante foi minha noção de amor próprio. Decidi que não me sujeitaria a nenhuma coisa que os homens impõem às mulheres. Eu cansei. Pensei bastante a respeito, em especial considerando o que é melhor para mim.

Mesmo após problemas com relacionamento, nunca perdi o amor pelos garotos. Nem tive uma decepção definitiva com todos eles. Mas eu sempre gostei de ser a mulher ativa na relação. Eu tenho iniciativa. Não deixo de demonstrar quando estou interessada em um cara. Eu gosto muito do jeito dos homens e não faço questão nenhuma de complicar a conquista. Quero apenas que ele goste de mim.

O duro é encontrar uma pessoa que possa ouvi-la. O mundo é tão imprevisível! Mas o jeito é ir seguindo com a vida, deixando que ela a leve, no sossego. Ando pela vida sem muitos arrependimentos. E esse caminho envolve fazer o que você deseja sem remorso e sem querer agradar as pessoas. É bancar a mulher decidida e assim ser, na prática. É preciso aguentar as dores.

E há algumas coisas que preciso falar sobre a conquista entre homens e mulheres. Eu fujo muito do padrão de outras meninas, porque corro atrás de homem e prefiro assim. Faço isso para não ter arrependimentos e não deixar de ter a iniciativa. Não ligo para comentários negativos. Depois, quero lembrar das minhas atitudes e ver que fiz tudo o que era possível. Ver o que fiz e dizer que tentei. Gosto, de verdade, de ter ousadia e não agir como muitas mulheres, que preferem obedecer ao parceiro sem falar nada, muitas vezes, deixando que eles se comportem como uns machistas, o que só as prejudica.

Tento sempre ser uma mulher forte. É por isso que eu sempre corro atrás, especialmente quando a maior interessada sou eu. E você também pode ser assim: insistente na medida certa.

SEMPRE VENÇO PELO CANSAÇO

Parece repetição, mas preciso dizer que nada me cansa e que sou eu que consigo o que quero, mesmo se as pessoas cansarem por conta disso. Eu forço a barra no romantismo e no amor, mas minha atitude é vital para entender meu entusiasmo com a vida. Nenhuma dificuldade é desculpa para que eu desista.

Eu conheço a palavrinha mágica que define nossa real derrota diante de quase tudo na vida: cansaço.

A gente acaba desistindo por preguiça, por não nos forçar a tentar outras coisas diante das dificuldades. Temos medo de tentar conhecer outras pessoas quando aquela de quem gostamos não nos dá bola, eu acho. O gatinho que a dispensa, que dá um fora, não será o primeiro nem o último, querida. Há muitos homens e pessoas interessantes para você.

Eu sempre venço pelo cansaço. Gosto de insistir, de tentar e de não abaixar a cabeça. O maior inimigo de todos é a depressão, aquela vontade de ficar na cama e nem levantar para tentar. Essa é a real doença para a maioria das coisas na vida.

É melhor ter otimismo e persistência do que ceder ao que é cômodo e fácil. Depressão não é coisa simples de superar, mas se deixar adoecer dessa forma, infelizmente, é fácil. A única coisa que você, meu leitor ou leitora, deve fazer é dosar se vale a pena ir até o fim, sem se desrespeitar. A persistência só vale se há um objetivo.

Temos um plano, minha cara leitora?

Se tiver, vá fundo.

AMAR É SIMPLES, MAS NÓS COMPLICAMOS

Essa é uma regra de ouro para mim. A gente tem que admitir que o amor é simples. Ficar babando por aquele gatinho gostoso é fácil. Pensar, por horas, naquela pessoa superinteressante, também. Mas há os pequenos amores na nossa vida, como morrer de rir com seu melhor amigo, sentir o abraço dos seus pais ou compartilhar um momento de diversão com seus filhos. A gente precisa lembrar os vários minutos inesquecíveis que temos.

Conquistar e levar para a cama aquela pessoa especial não requer fórmulas especiais, porque o amor está em todo lugar e não possui uma maneira única de acontecer. Acho que sempre foi assim, e é assim que me sinto com as pessoas que amo. As pessoas falam muito em casais, mas qualquer um é capaz de amar. Amar é simples, nós é que complicamos tudo. É nessa simplicidade que está o segredo, e eu levo isso para a vida prática. Tento ser eu mesma em qualquer situação, aproveitando os momentos com quem eu sinto que me ama.

Quando a gente complica, acabamos ficando infelizes e inventando coisas a respeito daquele fora desagradável ou daquele plano que não deu certo. Se você pode superar qualquer problema, bola para a frente e tente encontrar o amor que está perto de você. Continue tocando sua vida e não pare por nada.

Às vezes, as coisas simples e as complicadas não bastam para explicar nossas desilusões amorosas e problemas de relacionamento. Você já parou para pensar que é sempre mais difícil explicar um problema do que viver um amor intenso? Aqueles beijos que tiram seu ar e que aquecem numa noite fria são incrivelmente simples. Quem está feliz admira as pequenas coisas da vida, aquelas que duram apenas alguns instantes.

Se o amor é simples e surge em pequenas situações, está na hora de falar sobre tempo. E, assim, chegamos à minha sexta dica para que você conquiste o seu amor. Com amor próprio, sempre.

PARA MIM, FELICIDADES SÃO OS MOMENTOS COM AMIGOS

Como conquistar alguém se você não curte aquele momento espontâneo com a pessoa? Como gostar profundamente de um gatinho sem ter muita intimidade com ele? Amor acaba vindo de uma grande amizade, profunda, em que você se sente tranquila para ser você mesma.

Qual é o melhor momento a não ser aqueles especiais, em que você riu, chorou ou se preocupou com um grande amigo, com alguém em quem confia?

Isso pode acontecer com aquele homem irresistível, que lhe ajudou em um momento de extrema fragilidade, além de dar todo o carinho quando você foi promovida no emprego, ou conseguiu aquela folga após um dia de trabalho intenso. Uma pessoa especial também pode ser aquele seu melhor amigo, que sempre topa tomar café, cerveja ou seja lá o que você queira propor, nas noites quentes e nas frias. Seu grande amor pode ser sua família, que compreendeu aquele momento desesperador, quando você perdeu o emprego, por exemplo.

Nada na vida é fácil. E a felicidade está justamente em alguns momentos.

Os momentos especiais são os que importam.

Esse é um dos conselhos mais sábios que aprendi em minha vida. Não acredito mais no príncipe encantado das histórias. Para mim, a felicidade está nos momentos com os amigos e com qualquer pessoa de quem gostamos. Também podemos ser felizes com quem não podemos ver, com aquela pessoa que infelizmente não encontramos há tanto tempo, mas que traz recordações maravilhosas.

Eu adoro lembranças. Adoro lembranças boas. E é por causa da memória que o beijo, o abraço, o sexo, o olhar e a vida são doces. Quem não quer sentir aquela pele, no final da noite, desejando seu corpo? Quem não quer aqueles lábios irresistíveis pela manhã? Quem não quer ter um homem poderoso e seguro ao seu lado, além de filhos amorosos e uma família estruturada? Quem não quer ser amada?

Você pode ter isso. Qualquer um pode.

Basta observar e aproveitar os momentos.

Deixe de criar complicações. Dê importância para aquele momento de alguns minutos, ou de muitos anos. Se você está feliz com algo, viva intensamente. Não desperdice a oportunidade.

AMIGOS TRAZEM A FELICIDADE

Seu namorado, marido, cúmplice ou parceiro deve ser seu amigo. Esta dica é um complemento da anterior, sobre os momentos especiais. Não dá para aproveitar nada sem conhecer com profundidade a pessoa que admiramos.

É uma delícia ser amigo do seu pai ou da sua mãe. Amizade de filho não tem preço. Mas beijar, acariciar e abraçar ganha um significado especial na amizade de um namorado e de um marido. Esse companheiro ajuda a construir memórias, com lealdade, persistência e simplicidade. E é dessa forma que o amorzinho conquista você todo dia.

É muito mais fácil estar perto de quem se é amigo. As amizades liberam o que há de melhor dentro de cada um de nós. A gente passa a confiar mais naquela pessoa, com muita maturidade. A amizade é um laço que resiste ao tempo e aos desafios da vida.

Para mim, só os amigos trazem a felicidade. Em um momento de solidão, vou atrás deles. Gente leal, simples e sincera cria amizade fácil comigo. E eu amo essas pessoas. É isso que o amor significa para mim. Hoje em dia, a gente tem dificuldade de acreditar nas pessoas. Se não confiamos em amigos, vamos confiar em quem?

Eu, por exemplo, tenho uma cadelinha de estimação chamada Diva, que me acompanha desde julho de 2011, logo depois do *BBB*. Ela é uma buldogue, e seu nome foi escolhido após sugestões de fãs no Twitter. Foi uma correria para escolher. Mas eu acreditei que aquela pequenina era famosa como eu. Foi por isso que a chamei de Diva. Ela é minha companhia, minha companheira e meu amor. Ela sempre está disponível quando preciso.

Amar alguém é reconhecer que a pessoa é especial, do ser humano ao cachorro que sempre está ao seu lado. E ninguém ama sem a segurança de uma boa amizade, porque é ela que traz a verdadeira felicidade. Qualquer homem baba por uma mulher sexy, gostosa e, sobretudo, amiga. Cúmplice em um relacionamento delicioso.

Esta é a dica mais preciosa de todas.

Capítulo 3

Como construir seu amor-próprio

Eu nem sempre fui atriz, ou modelo, ou a vencedora do *BBB*.

Acho importante lembrar aqui a minha história, desde o começo. Como já mencionei, no *BBB* eu descobri como ter amor próprio nos relacionamentos. Mesmo assim, meu otimismo e minha autoconfiança vêm de antes. Acho que é uma coisa de berço.

Sempre tive medo de depressão e de ficar para baixo.

Fui guerreira, lutei contra isso.

TIVE UMA FAMÍLIA QUE ME DEU SUSTENTO SEM APERTOS

Fui criada por uma família de classe média, filha de um advogado e de uma médica. Sempre convivi muito bem com meus parentes. E nunca me faltou nada. Sempre tive tudo, do bom e do melhor. Fiz viagens para fora do Brasil e tive uma boa criação, sobretudo no lado financeiro.

Nasci de parto normal, às 22h40 do dia 22 de novembro de 1983, em São Bernardo do Campo, no ABC Paulista. Meu pai disse que eu parecia "um figo molhado" e era muito feinha. Mamãe disse que sempre me amou, mas que eu era esquisitinha mesmo. Engraçado isso, não é?

"A Maria sempre foi uma criança alegre e muito feliz. Quando os amigos iam em casa, ela sempre sorria. Era muito sorridente", diz mamãe. Só tinha uma coisa que eu realmente não gostava: acordar cedo. Dona Alicia sempre me fez acordar cedo, desde a época do berçário, por conta de sua rotina puxada como médica. Levantávamos entre seis e sete horas da manhã. Tive a ajuda de babás em casa, que cuidavam de mim por conta das profissões de meus pais.

Estudei em São Bernardo do Campo. Não estava acostumada com a cidade grande e minha vida era outra quando era mais nova. Vivi um tempinho em Buenos Aires, por conta de mamãe, que se chama Alicia Inês Jurado.

Toda a parte materna da minha família veio da Argentina. Minha mãe sempre teve uma mentalidade batalhadora. E ela trouxe uma cultura estrangeira para minha casa. Ela se formou médica em Buenos Aires, mas aos 28 anos decidiu trabalhar no Brasil.

Desde meus dois anos eu ia até a Argentina visitar meus avós e tios. Ia com minha irmã, Araceli. Nas minhas férias escolares, em julho, eu sempre saía daqui e conhecia um pouco mais sobre a cultura argentina. Ficava um mês inteirinho. Sempre foi uma delícia visitar aquele lugar e aquela cultura diferente.

Até hoje eu falo perfeitamente o espanhol, só de viajar para lá. Aprendi a língua quando eu era criança. Recomendo para qualquer pessoa ter contato com outra cultura. Faz um bem danado conhecer coisas diferentes.

Meu pai era bem diferente da minha mãe. Ele se chama Vicente Melilo e era italiano, da cidade de Cosenza, na região da Calabria. Ele faleceu há cinco anos. Os parentes de meu pai estão hoje em Santo André.

O pessoal ligado à minha mãe continua em Buenos Aires, o que me faz ir sempre para lá. Mas também já viajei para os Estados Unidos e até para Paris. Para mim, o lugar dos sonhos, além do Brasil, é a Califórnia.

Tive uma boa criação também no lado da educação – sempre estudei em boas escolas. Ah, e eu também tive muito amor e carinho, porque isso é importante, não é?

Isso me tornou uma pessoa muito sociável, ao mesmo tempo muito ligada à família. E isso tudo gera em mim uma felicidade e um entusiasmo com a vida. Eu sempre me importei muito com meu pai, com minha mãe e com minha querida irmã. Eles são responsáveis por quem eu sou nos dias de hoje. Sempre fiz muitas amizades, com alegria e o jeitinho que eu sempre tive com as minhas coisas.

Minha irmã mais velha, de 36 anos, mora no interior do Paraná. Minha mãe também me acompanha aqui em São Paulo, trabalhando bastante como médica especializada em cardiologia.

Tenho parentes e origens em lugares muito diferentes. Gosto de tudo o que me ajudou a ser quem eu sou, com muito sucesso.

SOBRE MINHA MÃE...

Dona Alicia é uma batalhadora natural e sempre foi uma forte influência em minha vida. Ela me orientou sobre carreira, dinheiro e até sobre espiritualidade.

Ela se formou médica no seu país de origem. Em 1975, terminou o curso na Universidade Nacional de Buenos Aires. Cinco anos depois, em 1980, veio ao Brasil. Mamãe acabou revalidando o diploma em 1986, na Unicamp, para poder trabalhar como médica em nosso país. Ela ama o Brasil. Se você tem alguma dúvida, veja só o que ela tem a dizer sobre o povo brasileiro:

"Eu gosto muito do Brasil. O povo daqui é hospitaleiro de verdade e me recebeu de braços abertos. Eu amo os brasileiros porque eles me deram oportunidade de trabalhar no que gosto, da maneira como eu gosto. Eu conquistei muito para minha vida vindo até este país. Ganhei, inclusive, espiritualidade, fé em Deus Todo-poderoso e força para encarar os momentos mais difíceis."

Tão surpreendente quanto a opinião dela sobre o Brasil é a forma como ela conheceu meu pai, Vicente. Um soube da existência do outro graças a um "Facebook" e a uma espécie de "internet" que existia no tempo deles.

EU ERA UMA "OLÍVIA PALITO". VIREI UM MULHERÃO

Eu nem sempre fui admirada ou tive o status que tenho hoje. Eu era muito, muito, mas muito diferente.

Vivi pouco na minha cidade natal. Aos nove anos, saí de São Bernardo e fui para Santos, sempre acompanhando meus pais. Aos quatorze anos, fui morar apenas com meu pai em Santo André.

Desde muito novinha, eu sempre gostei de esportes e de atividades físicas. Balé, natação e patinação eram muito legais. Mamãe diz que eu sempre gostei de dançar. Foi isso que me fez movimentar o corpo e começar a me preocupar com a saúde.

Aos treze anos, fui muito zoada na escola. As pessoas me chamavam de Olívia Palito, aquela donzela do marinheiro Popeye. Eu era magrinha e não tinha peitos nem bunda. Tiravam sarro da minha cara por causa disso. Eu não me encaixava nos padrões de beleza dos garotos. E todo mundo se aproveitava disso para zoar.

Eu tinha de fazer alguma coisa a respeito disso. Não deixo as coisas baratas.

Decidi entrar em forma. Comecei a malhar bastante e me apaixonei por musculação. Acho, até hoje, que toda atividade física é boa. Bem novinha, eu almoçava e ia correndo fazer exercícios. Todo dia eu fazia a mesma coisa.

Estava determinada a deixar de ser motivo de zoeira. Isso me fez ser persistente ao buscar o controle de meu corpo. Ganhei gosto por ficar bela. Queria me tornar uma das mulheres gotosonas que via em revistas e não pretendia ser ridicularizada ou diminuída por outras pessoas.

O exercício libera endorfina, aquele hormônio do prazer. Ah, eu comecei a ficar apaixonada por exercícios justamente por conta disso. Malhar é repetitivo, mas dá uma sensação tão boa...

Mas nem tudo foi diversão. Também vivi tempos difíceis na minha adolescência. Minha mãe trabalhava muito e nós tivemos de acompanhá-la, com seus muitos plantões e rotina puxada. Acabamos em Santos, na baixada, e eu vivi naquela cidade com praia. Lá, estudei em escola de freiras.

Foi uma experiência diferente, bem rígida.

Tinha de fazer lição de casa e obedecer às pessoas, tudo de um jeito bastante rigoroso. Na mesma época, meus pais se separaram.

A briga dos dois foi a deixa para eu sair de Santos e viver um tempo com meu pai. Fiquei um pouco com mamãe, mas depois voltei para Santo André, para minha antiga rotina e passei a estudar em outra escola religiosa. Durante a vida inteira eu convivi com várias mudanças de casa. Sempre foi assim.

Apesar da mãe ausente, eu sempre tive bons valores para cultivar. Mamãe me ensinou a importância de se dedicar 100% ao trabalho, a uma profissão de que você gosta.

Isso despertou uma lutadora dentro de mim. Acabei não ficando apenas na musculação. Minha paixão por lutas cresceu de verdade com um esporte que utiliza luvas. Aquele que abusa da força dos punhos e das mãos, sabe? Eu adorei aprender a lutar boxe. Tinha 21 anos quando comecei a usar aquelas luvas. Elas me ensinaram a ter disciplina e força de vontade.

Ao entrar no boxe, comecei a apreciar muito as lutas e as artes marciais. Eu já fazia jiu-jítsu desde os dezoito anos e peguei gosto. Fazer essas lutas foi uma ótima continuidade para a musculação.

As lutas ensinam muitas coisas. Você precisa ter habilidade para se defender e atacar. E a vida é assim mesmo. Uma hora, você tem de aguentar os socos, mas não pode deixar de dar os seus golpes. As artes marciais me trazem lições práticas para a vida. Deveriam ensinar um pouquinho disso para todo mundo. Na escola e com os amigos, desde bem jovem, a gente deveria aprender que não vale engolir qualquer desaforo.

O único problema das lutas é que elas pedem tempo. Você precisa ter um espacinho na agenda para fazer tudo do jeito certo. E eu sempre recorri aos melhores *personal trainers* para treinar da forma correta. Portanto leitores, ao se esforçar, não se esqueçam de buscar especialistas corretos. Não faça as coisas de qualquer jeito. Não vale tudo para ter fama, nem beleza e muito menos dinheiro. As coisas devem ser feitas da maneira mais correta possível, por mais que a gente tenha vontade de fazer do jeitinho fácil.

Esse jeito batalhador me fez ficar bastante atenta à aparência física. Com rapidez, eu entrei em dietas rigorosas para manter o corpo em forma, sem ganhar peso indesejável.

Como fiz dieta desde muito nova, não sei se lembro de tudo o que cortei, mas sempre mantive grelhados, legumes, vegetais e frutas. Passo longe, sempre que eu posso, dos doces. Sou feliz, mas sempre preocupada com minha saúde, minha satisfação pessoal e meu bem-estar. Corri atrás das minhas vontades sempre que pude.

Mais segura de mim mesma, eu participei de um concurso de beleza aos quinze anos. À medida que ficava mais bela, eu fazia mais coisas para trabalhar meu futuro e me satisfazer com tudo isso.

Normalmente eu fazia quarenta minutos de musculação, uma hora de boxe e uma hora e meia de jiu-jítsu por dia. Fazia tudo isso antes do *BBB*. Depois da casa, do Bial, da Globo e de tudo aquilo, não tive mais tempo para exercícios. Fui voltando aos pouquinhos, mas fiquei só na musculação.

ATUEI E CONHECI O BRASIL

Quando tinha dezesseis anos, fiz um curso de modelo e manequim. Isso me fez pular de "Olívia Palito" para uma profissional.

Aos dezoito anos, em 2002, eu já era um mulherão e estava muito feliz com minha aparência. Sentia que era desejada pelos homens e gostava de fazer exercícios físicos para me valorizar. Mas isso não bastava. Resolvi então trabalhar com as coisas das quais gostava desde muito antes.

Eu comecei a cantar. Fiz curso de canto por sete anos. A música me fez cair de cabeça na arte. Foi dessa forma que eu comecei a me interessar por teatro. Queria interpretar personagens, utilizando tanto meu corpo como minha voz. Tinha me esforçado para isso a vida toda. Estava com vontade de atuar.

Foi assim que, chegando aos vinte anos, eu comecei o curso de atores do Wolf Maia, um diretor bem famoso, inclusive na Globo. Ele trabalhou em novelas como *Senhora do destino* (2005), *Duas caras* (2008), e *Fina estampa* (2011).

Nessa época, apareceu minha ideia de ganhar fama e prosperidade na televisão. Queria ser como as atrizes das novelas dele. Acabei estudando e aprendendo muito sobre atuação.

Quando cheguei aos 23 anos, em 2007, me formei como atriz. Foi assim que fiz duas peças de teatro bem famosas, baseadas na obra do escritor Nelson Rodrigues. Encenei a *A vida como ela é* e *Fragmentos rodrigueanos*. Com as peças de Nelson, absorvi muitos ensinamentos para minha vida pessoal. Ele é um escritor sensacional para aprendemos mais sobre o ser humano e suas pequenas tragédias do cotidiano.

Nelson me mostrou os segredos das mulheres, em especial, sobre o quanto elas sofrem diante dos homens. Ele era muito inteligente e entendia demais da vida cotidiana. Quanto mais leio e trabalho com as obras dele, mais aprendo sobre teatro e sobre a vida como ela é.

Na mesma época, tive a primeira oportunidade de conhecer o país. Viajei atuando e divulgando a peça *As filhas da mãe*, de Ronaldo Ciambrone, que adaptou também obras de Monteiro

Lobato. Isso contribuiu para solidificar ainda mais meu sonho de ir para a TV. Eu passei a entender que eu não precisava ser apenas uma atriz de novela, mas que viajar pelo Brasil e conhecer pessoas também era algo sensacional e que podia me completar. Eu precisava chegar na TV para conquistar isso.

Arte e fama se transformaram em duas coisas inseparáveis para mim. Que atriz não quer ser requisitada, com muito trabalho e reconhecimento? Eu queria. E foi somente o *BBB* que me deu isso.

MAS EU TAMBÉM FIZ BESTEIRAS...

Os anabolizantes apareceram na minha vida aos 21 anos, pouco antes de eu terminar o curso do Wolf Maia. Aquilo me fazia conseguir, com rapidez, o corpo que queria. Não sabia o quanto eles faziam mal para meu fígado.

Mesmo com uma mãe médica e com os constantes checkups, eu fiquei viciada em anabolizantes. Comecei tomando de três em três meses, porém esse intervalo foi diminuindo. Os resultados eram rápidos. Pensei: "Por que não tomar mais? Preciso ficar mais linda e mais gostosa!".

Aquilo fazia mal para meu fígado, era nocivo para a saúde e, em outubro de 2011, me causaria uma doença. Era uma atitude muito errada e eu estava acabando com meu corpo.

Até pouco antes de entrar na casa, conhecer o pessoal e encontrar o Pedro Bial, eu ainda tomava anabolizantes. Fiz isso por sete anos. Depois do *BBB*, ficou mais difícil continuar com esse "vício", devido à correria que minha vida se tornou após muitas, mas muitas mesmo, portas abertas com a televisão.

Doente, eu tive de rever essa questão do corpo perfeito. A saúde deve estar acima de tudo.

MINHA HISTÓRIA AJUDOU A CONSTRUIR MEU AMOR-PRÓPRIO

Comecei o processo de me amar ao procurar uma resposta para a zoeira na escola, contra aqueles caras e aquelas meninas que me chamavam de "Olívia Palito". Não aceitava, não queria ser chamada de "sem peito e sem bunda". Eu queria mudar aquilo.

Ao me exercitar e fazer dietas, comecei a ter um cuidado maior comigo mesma. Cheguei a ter o corpo que desejava. Graças à beleza que tenho e à que conquistei, comecei a trabalhar como modelo e atriz, e descobri que sempre fui uma guerreira.

Porém abusos aconteceram. Não deveria ter usado anabolizantes. Deveria ter tomado cuidado com alguns namorados. Deveria ter me segurado diante de alguns homens. Mas não me arrependo da maioria das minhas atitudes ao longo da vida...

Nem um pouco, meu leitor.

Capítulo 4

COMO SER UMA MILIONÁRIA DE SUCESSO?

Eu fiquei milionária no dia 29 de março de 2011. Aquele dia foi mágico, surreal. Mais de 51 milhões de pessoas votaram em mim naquela noite em que eu ganhei 1,5 milhão de reais. E, um pouco mais de dois meses depois, eu posei nua para a *Playboy* e as fotos fizeram com que eu ganhasse uma boa grana.

Nada mal para quem queria apenas fama, não é mesmo?

Consegui 3 milhões de reais em seis meses. Meu plano original era conseguir um papel em uma novela da Globo. Mas vi que tinha conseguido muito mais. Nunca vi tanta imprensa e tantos fãs na minha vida. Eu chamava mais atenção do que muitas atrizes de televisão.

Não tinha pensado apenas em me tornar rica. Meu foco era a fama. Minha situação até então era humilde. Saí de São Bernardo para viver em São Paulo e morava de aluguel. Eu estava aprendendo a viver na capital e logo tive de lidar com o dinheiro. Quando ganhei o *BBB*, o cuidado com a grana precisou ser muito maior. E eu me mantive nos holofotes. Agora era um mulherão ainda maior.

E daí vem a pergunta: como lidar com milhões no bolso, fama na TV, convites para festas e tanta notoriedade? Acabei desenvolvendo algumas dicas para cuidar bem do dinheiro. Em qualquer situação.

Para começar, minha leitora, mantenha os pés no chão.

CONQUISTEI MEUS SONHOS, OS DE MINHA FAMÍLIA E NÃO GASTEI COM O QUE NÃO TINHA VONTADE

O maior segredo de quem tem dinheiro é controlar os gastos. É grande o impulso para gastar todo o dinheiro em joias e coisas sem significado real. Poupar aquela graninha é a maior dificuldade.

Meu plano inicial era comprar um imóvel, abrir uma loja e ajudar o hospital do câncer com o prêmio de 1,5 milhão de reais. Acabei ganhando 3 milhões, adquiri um apartamento bem confortável em São Paulo e ajudei instituições de combate ao câncer. Só não abri minha loja. E nem precisei, porque ganho dinheiro com presenças vips, com participações na televisão e com minha carreira artística.

Nada saiu do meu plano. E isso só funcionou porque controlei meus impulsos.

Ao vencer o *BBB* e me mostrar para o país todo, eu conquistei os meus sonhos e os de minha família, e não gastei com o que eu não tinha vontade. Eu aproveitei a liberdade e o glamour de ser conhecida, mas sem abusar.

Minha conta bancária não define meu jeito de ser. Minha sinceridade e autoconfiança se mostram nas minhas finanças em ordem. Conquistei meu espaço em São Paulo, com conforto para ajudar quem precisa e receber meus fãs.

É muito difícil não gastar valores altos e continuar com os pés no chão. As coisas chamam atenção, não é mesmo? Contudo, mesmo assim, me esforço para não ser gastona.

COMO É TER OS PÉS NO CHÃO QUANDO SE TEM DINHEIRO?

Minha principal inspiração sempre foi a minha mãe, Alicia. Ela me deu o caminho das pedras para entender como lidar com dinheiro. "Batalhadora" é a palavra que a define. Ela sempre trabalhou muito. Por isso mesmo, ela dá valor a tudo o que consegue. Dar valor às coisas foi algo que, sem dúvida, eu aprendi com os exemplos dela.

Ela sempre busca fazer algo útil com o que ganha. Então, quando acabou o *BBB*, para mim, não fazia nenhum sentido não investir no que eu tinha prometido que faria.

Aliás, minha mãe foi uma das primeiras pessoas que abracei e com quem tive contato assim que saí do programa. Ela esteve sempre presente, mesmo quando estava trabalhando demais. "Dedicação" é outra palavra que ajuda a defini-la. Não tinha como eu não puxar à minha mãe. Ela foi, posso dizer, a minha principal guru dos negócios.

Com esse exemplo, eu fiz alguns investimentos. Coloquei o dinheiro do meu prêmio em aplicações de renda fixa que me trouxeram um retorno seguro no banco. Não dá apenas para ficar aproveitando o dinheiro, gastando, gastando e gastando.

Ter os pés no chão é isso: saber quando não gastar.

Mas há ainda outro segredo para lidar bem com dinheiro.

FOQUE NO QUE REALMENTE IMPORTA

Eu poderia ter comemorado a vitória no *BBB* e fugido completamente do caminho dos meus sonhos. Em nenhum momento, porém, eu deixei de ir atrás do que queria de verdade. Ter foco nos objetivos é difícil, especialmente quando se tem fama.

Passei a trabalhar com intensidade. Ia e continuo indo em festas, para marcar presença e manter minha imagem na mídia. Quem desaparece não consegue fazer trabalhos importantes e interessantes.

Sou uma mulher que levanta a cabeça do travesseiro de manhã ansiosa e com curiosidade sobre o que vou fazer no meu dia. E isso é essencial para ter boas finanças. Você precisa ter animação para continuar com boas oportunidades no mercado. O desânimo e a depressão são seus inimigos. Não deixe, de forma nenhuma, que eles dominem.

Fica muito mais difícil pensar em dinheiro, ou em ganhar dinheiro, quando você está para baixo. E eu sou animada sempre, até nas dificuldades. Isso é uma vantagem. Utilize-a também, se você puder. Mamãe diz que sou agitada e sorridente assim desde muito novinha. Nem todo mundo é, mas podemos nos esforçar para melhorar.

Pensei em aproveitar as oportunidades. Foi assim que, poucos meses depois da *Playboy*, recebi uma proposta do *Casseta e Planeta* da Globo. Tive uma oportunidade inédita de fazer comédia na televisão. Isso nunca tinha me acontecido e achei que era hora de aproveitar.

Continuei meus outros afazeres e os investimentos, mas comecei a aproveitar a oportunidade de aparecer na TV.

NÃO USE O DINHEIRO COMO DESCULPA

Quando me chamaram para o *BBB*, eu disse que gostaria de fama e não apenas de dinheiro. Isso não significa que eu não queria ser milionária, ter bens materiais ou conquistas profissionais. Mas o meu objetivo no programa era bem específico. E é assim que eu lido com a maioria das coisas na vida.

Dinheiro, para mim, nunca foi desculpa para nada. O que você deve pensar é nos meios para conquistar o que mais quer na vida. E nada se resolve apenas com dinheiro. É necessário otimismo, boa vontade, planos, desejos, muitas coisas. Para conseguir a felicidade, não consigo pensar apenas na grana.

Por isso, não uso nada na vida como desculpa para as derrotas e frustrações que acontecem de vez em quanto. E batalho até conseguir as coisas da forma que quero. Penso antes de fazer e não faço qualquer coisa. Mas, como qualquer outra pessoa, também sei curtir a vida e me jogar. Dinheiro é importante, porém não deve impedir que você enxergue as coisas realmente importantes da vida.

A felicidade está sempre nas coisas pequenas.

Capítulo 5

O DILEMA DIANTE DO CÂNCER

Você não pode fugir dos problemas, por piores que eles sejam.

Levo isso como um mandamento de vida. E senti esse mandamento na pele.

Eu vivi um conto de fadas até o final do *BBB11*. Ganhei dinheiro, me tornei milionária e famosa. Naquele momento, vi que meu caminho estava com as portas abertas para futuros contratos profissionais.

Passei a morar em um apartamento, com minha cadelinha Diva. Eu também ajudei familiares, todo mundo estava feliz e curtindo aquele momento comigo. Eu estava com a bola toda.

Quando tudo estava certo para mim, descobri um câncer no fígado. E isso foi muito, muito, muito difícil.

O PROBLEMA DO FÍGADO

Antes de explicar o episódio ruim que aconteceu pouco tempo depois do fim do *BBB*, preciso relembrar alguns detalhes de minha vida.

Eu sempre fui obcecada por exercícios, por manter uma boa aparência, e também por constantes *checkups* com médicos de confiança. Minha mãe é médica e eu herdei dela essa preocupação. Nunca quis ser apenas um mulherão, queria ter uma vida equilibrada.

Tenho para mim que a saúde é sempre uma prioridade. Não tenho dúvidas sobre isso. Como fazia musculação, tinha uma obsessão pelo corpo perfeito. Aos dezoito anos, comecei a ingerir suplementos e coloquei silicone nos seios. Aquilo me deixava mais próxima do corpo que gostaria de ter. O problema é que, quando você quer a perfeição, fazer o trivial, o que todo mundo faz, não é suficiente. Eu queria mais, sempre quis mais e sempre vou fazer mais por mim. Contudo, cometi erros no começo disso tudo.

Aos 21 anos, comecei a usar anabolizantes. Eles me fizeram ganhar massa magra com rapidez, o que combinei com dietas e exercícios. Utilizei-os por sete anos. A princípio, usava de três em três meses. O problema é que eles são uma droga e viciam muito. E isso acabou prejudicando minha saúde.

O que eu não sabia é que esteroides anabolizantes são hormônios que prejudicam o funcionamento do fígado, entre outros órgãos. Apesar de me preocupar com a saúde, sacrifiquei um pouco do corpo em nome da beleza. Deveria ter pensado melhor, mas era o que eu tinha vontade naquele momento.

Não tinha a menor ideia do que iria acontecer comigo.

UM BREVE MOMENTO 100% FELIZ

Eu me sentia gostosa, poderosa e querida, nunca tinha passado por nada parecido antes. Minha alegria total durou pelo menos sete meses, a partir do fim de março. Eram muitos fãs, muita TV, e a minha história começou a ser contada em programas para todas as pessoas. Todo mundo queria saber o que eu pensava, quais eram as minhas paixões na casa e como eu pretendia me lançar na TV.

Logo depois do *BBB*, eu fiz uma participação na novela *Insensato coração*, do Dennis Carvalho. Estava desbravando o caminho para o sucesso. Em meados de agosto, começaram as conversas para fazer o *Casseta e Planeta*.

Eu já tinha feito peças de teatro de comédia, mas nunca um programa nessa linha, e estava empolgada. Era uma oportunidade de ouro.

O ano estava sendo imprevisível e completamente mágico para mim. Foi quase um período sem problemas e só de conquistas, embora eu estivesse completamente sem tempo.

Trabalhava, falava com os fãs, saía e não tinha tempo para respirar. Não passava um dia sem nada para fazer. Os compromissos consumiam todo o meu tempo.

Foi nesse momento que, infelizmente, o imprevisto aconteceu.

Era 27 de outubro de 2011. Aquele dia mudou completamente a minha vida e me fez encarar um desafio muito difícil. Eu estava em um evento chamado Fenatran, uma feira de transporte e de caminhões no Anhembi, e pretendia ficar por duas horas dando autógrafos. Estava feliz, animada e curtindo a fama com meus fãs. Surgiram, então, as dores, como se fossem agulhadas. Era algo que eu nunca tinha sentido. Mesmo assim, fui profissional e aguentei o quanto pude. Muita gente dizia: "Maria, você está pálida", "Maria, não parece que você está bem". Mesmo assim, eu suportei.

Meu empresário, o querido Fábio Nogueira, também estava sobrecarregado. Ele fala o que passou na época: "Eu estava com quatro funcionários no escritório. Era um evento atrás do outro. A gente não parava. A vitória da Maria no *BBB* trouxe muito trabalho. Eu viajava com ela e não tinha como deixar de fazer isso. Não tinha tempo para nada".

Eu mesma cheguei a reclamar para o Fábio: "Você me trata como uma máquina. Eu ainda preciso ter tempo para comer, sabe?". Era muita correria e aquilo mudou tudo.

DE UMA HORA PARA A OUTRA, O SONHO ACABOU...

As duas horas de autógrafos aconteceram com dores que pareciam "agulhadas". Eu resisti o máximo que pude. Minha pele começou a ficar gelada e alguns fãs notaram que eu estava pálida.

Tenho uma coisa que preciso confessar, principalmente aos meus fãs. Algo de alguém como eu, que está sempre na TV.

Gosto de dar autógrafos. Sinto que é uma retribuição digna aos meus fãs. Eu nunca vou deixar de fazer isso, porque é uma demonstração sincera do meu carinho. Quero que meu fã tenha o autógrafo como uma recordação, para que ele jamais se esqueça de mim.

O Fábio achou que eu estava passando mal por causa do refrigerante que tinha tomado no evento. Saímos da Fenatran e fomos ao Shopping Morumbi, na loja da Planet. Eu estava estreando campanhas publicitárias para o lugar. Mesmo com tanta coisa para fazer, a dor continuou, piorou e eu não aguentei. Pedimos desculpa para o gerente da loja, pois eu precisava de ajuda médica. Meu querido Fábio me deu muita força naquele momento.

Sai do evento às onze da noite e fui ao hospital. A dor passava e voltava, mas eu estava mais corada do que quando cheguei lá. Fiz um ultrassom. Apareceram dois nódulos no fígado.

Tive a consultoria da pessoa ideal nessas situações, assim como no caso da administração do dinheiro e os assuntos familiares: minha mãe. Dona Alicia pediu exames específicos e foi dessa forma que fiz uma biópsia.

Tudo, tudo tinha mudado.

Eu passei aqueles dias apreensiva com meu futuro. Aguardei com medo, imaginando qual doença eu poderia ter. Minha mãe teve câncer e muitos parentes mais velhos também tiveram. Ela venceu aquela luta e eu tinha fé de que poderia fazer o mesmo. Porém, mesmo com essa força interna, eu tinha medo. Muito medo.

O Fábio sempre disse que eu tenho jeito de uma mulher com muita segurança, sempre confiante no que faço. Naqueles dias, eu estava tudo, menos confiante. Minha mãe sempre me transmitia segurança e recomendava os melhores tratamentos. Mesmo assim, eu não entendia o que estava acontecendo.

Chegou o diagnóstico. E foi então que meu mundo caiu.

Eu descobri, em outubro de 2011, que tinha hemangioma epitelioide, um tipo raro de câncer no fígado. Quando descobri essa doença, foi um choque. Nada mais parecia real. Parecia um pesadelo.

Naquele momento, os sonhos do *BBB* terminaram e o foco passou a ser a superação da doença. Eu precisava vencer aquilo e nada mais importava: as festas, os namoros, as vontades. Cada dia era uma batalha, com inúmeras incertezas.

"Parecia que a Maria tinha recebido um choque na cabeça com a notícia. Eu fiquei também muito triste, porque fazia pouco tempo que ela tinha saído do *BBB*. Ela não tinha nem gastado o dinheiro ainda. Maria tinha um futuro todo certo e aquilo tinha mudado. Por isso, naqueles dias, eu acompanhei tudo de perto, como um irmão, para dar forças mesmo. Eu também levei aquele choque com ela, mas tentei não demonstrar. Sempre dizia que ela iria vencer, que ela podia conseguir tudo. E que eu continuaria do lado dela."

Essas palavras lindas são do Fábio. Ele foi uma das pessoas, além da dona Alicia, que mais me deram força naquela hora complicadíssima.

No dia em que descobri que tinha câncer, o tempo estava nublado em São Paulo. Minha vida passou a ser cercada por incertezas. Era como aquele céu cinza, nada estava claro para mim.

COMO LIDAR COM OS COMPROMISSOS DIANTE DA DOENÇA?

Na mesma época, recebi uma proposta para trabalhar no programa humorístico *Casseta e Planeta vai fundo*, na Globo. O programa era uma nova proposta baseada no *Casseta e Planeta* antigo, que tinha acabado em 2010. Eu começaria em janeiro de 2012, substituindo a Maria Paula. Estava honrada com a proposta e lisonjeada com o carinho dos cassetas. Vibrava por conhecer de perto o Helio de la Peña e o Cláudio Manoel, entre as várias pessoas talentosas daquele programa.

Pode perguntar para a maioria das atrizes por aí: quem não sonha em trabalhar com comédia na Globo? Eu estava vivendo um sonho profissional com aquela proposta. Como assim, eu estava com uma doença dessas? Parecia que meu mundo estava desabando. Era um câncer, não uma pneumonia. Na hora, pensei que ficaria careca. E eu chorava muito. Embora eu tentasse ficar positiva, me sentia perdida.

Mas era a hora de tomar algumas decisões complicadas.

Naquele momento, eu tinha muitas dúvidas. Mesmo com a fama e a fortuna, eu não sabia se seria capaz de encarar novas empreitadas. Fiz tudo certinho. Marquei uma reunião no Rio de Janeiro para conversar com o pessoal do programa. E não escondi nada.

Contei sobre a doença e perguntei se deveria mesmo aceitar a proposta do programa. Era possível que eu entrasse em um tratamento pesado e não conseguisse cumprir o contrato. Achei que ia ter de fazer quimioterapia. Isso me deixava realmente triste.

Eles disseram para eu persistir. Falaram que eu aguentaria essa barra. Até eles, meus novos colegas, confiaram em mim.

"A prioridade é a sua saúde", foi o que eu mais ouvi deles.

Por isso, mantive meus compromissos na TV. Mas não foi só isso que aconteceu naquele mês.

Na época, vazaram informações de que eu estava indo ao hospital tratar uma doença. Minha assessora foi atormentada com perguntas. No entanto, achei melhor não contar a verdade naquele momento.

Eu estava completamente desorientada com tudo aquilo.

COMO LIDAR COM VOCÊ MESMA?

Fiz terapia por um ano, depois parei. Nunca fui muito regular com isso. Aprendi, com a psicóloga, que nossa cabeça precisa estar preparada para situações difíceis. Quando lutei contra o câncer, não tive tanta ajuda da terapeuta, mas da minha mãe.

Mamãe fez terapia por trinta anos. Ela me falou todo o tempo para eu ir a um especialista nesse tipo de assunto.

Eu concordo com mamãe: todo ser humano deveria fazer terapia pelo menos uma vez na vida. A gente se conhece mais e se equilibra como ser humano. É tão difícil conhecer a si mesmo! Mas vale o esforço. Às vezes a gente tem a faca e o queijo na mão para resolver problemas, para procurar formas de resolver.

E, mesmo assim, não consegue.

Por isso a gente faz terapia, para aprender a solucionar as coisas. Poder falar de determinados problemas já é de grande ajuda.

Outra coisa que nos tira do fundo do poço em situações ruins é ver alguns exemplos de vida. E o que eu mais quero, neste livro, é dar algumas dicas de superação. O que eu mais ouvi dos meus fãs assim que acabou o *BBB* foi: "Maria, você foi lá e venceu. Você me inspira. Você é o tipo de pessoa que eu quero ser". E é isso que eu mais quero com a minha história: dar aquele empurrãozinho para solucionar qualquer coisa.

A gente não deveria contar as histórias de uma maneira distante, mas sim fazer algumas comparações, tanto das situações boas como das chatas. É para isso que nos contam coisas, não é mesmo? Foi por isso que eu quis contar a história da minha doença.

Tudo na minha vida fez a diferença. A infância ajudou a moldar minha personalidade. Minha mãe diz que eu era uma criança muito alegre, sempre sorrindo. Isso me tornou superativa e empenhada nas coisas que sempre quis.

Sempre gostei muito de viver. E de viver tudo. Luto para viver todos os dias, intensamente. Ter qualidade de vida é uma das minhas prioridades.

E um dos maiores segredos é não se entregar à doença. Porque falar que está doente e ficar jogado em uma cama não ajuda em nada. Você deve passar pelos problemas, e tem que superá-los.

Eu poderia ter ficado deprimida, a ponto de desistir dos meus sonhos. Poderia virar uma pessoa que pensa que não tem futuro. Mesmo assim, fiquei focada na cura da doença e busquei meios para me tratar. Minha mãe sempre falou para eu não deixar a doença me vencer. Eu precisava confiar nela e fazer todo o possível.

Só consegui ter esse tipo de preocupação porque eu sempre pensei na minha aparência física. "O que uma coisa tem a ver com a outra?", você deve estar pensando. Bem, eu só vou até os médicos porque, desde cedo, me preocupei com as consequências de uma vida intensa de exercícios e dietas. Na doença, esse meu costume não mudou.

Pessoas com personalidade mais fraca não teriam coragem de encarar um câncer de frente. Modéstia à parte, eu fui muito corajosa e guerreira. É da minha natureza. Naquela situação extremamente triste, eu pensava em terminar o dia bem. Todos os dias.

O tipo de doença que me afetou pede persistência. Por isso, fui atrás de alternativas. Os tratamentos comuns contra o câncer não funcionaram comigo. E, então, eu insisti.

Você também deve ir atrás de resolver tudo, por maior que seja o problema.

MEU CÂNCER ERA DIFERENTE

O primeiro oncologista que eu consultei pediu um PET Scan, um exame que identifica o local do câncer. Ele identificou câncer no fígado, na bacia e no pulmão. A doença estava em metástase, ou seja, o câncer estava se multiplicando em meu corpo.

O fato era que as primeiras impressões davam a entender que a doença estava avançando de maneira implacável dentro de mim. Qual era o próximo passo? Fazer quimioterapia, claro.

Fiquei muito triste com a possibilidade de perder meus cabelos. Pensei imediatamente em perucas e alguma forma de cobrir minha cabeça durante o tratamento. Mas a saúde, claro, era a prioridade.

Mesmo com aquelas recomendações, eu continuava confusa e muito triste. Resolvi procurar uma segunda opinião. Corri para encontrar o meu médico, o doutor Renato Kalil. Eu sabia que ele poderia cuidar dessa situação e me fazer as recomendações certas, porque ele me atendia há pelo menos dez anos.

Renato conferiu o diagnóstico anterior e o exame PET Scan e tirou uma conclusão diferente. Achou que eu deveria consultar um terceiro especialista. "Vá atrás do doutor Frederico Costa. Ele é o melhor oncologista especializado em câncer de fígado. O melhor. Não tome nenhuma decisão sem consultá-lo", ele disse.

Continuava confusa, mas fui atrás do doutor Frederico e conversei com ele em novembro. E tive surpresas impressionantes.

Ele repetiu os exames. O doutor Frederico disse que o hemangioma epitelioide é um tipo de câncer de fígado extremamente raro, conhecido também pelo nome hemangioepitelioma. Atinge pessoas jovens, infelizmente, entre 20 e 30 anos. Ou seja, é um câncer para a minha faixa etária. No mundo todo, só há mais ou menos cem pessoas com a doença, segundo meu médico. E ele ainda disse: "Você é a quinta pessoa que eu descubro no

Brasil com a doença". Ou seja, é um problema raríssimo, o que deveria aumentar meu pessimismo nesse combate.

Mas veio a primeira boa notícia: eu não precisaria de quimioterapia.

A conclusão do doutor Frederico Costa veio de um estudo nos Estados Unidos, reunindo todas as pessoas com o quadro parecido com o meu. Eu vi os documentos da pesquisa e, junto do meu médico, acompanhei tudo de perto.

Doutor Frederico é um médico apaixonado pelo que faz. É um anjo, que gosta de tratamentos complicados. O câncer no fígado tem potencial para matar. No entanto, se a doença receber o tratamento correto, o paciente pode continuar bem e feliz. Hoje eu estou tranquila e linda, feliz com meu corpo e com meu espírito.

O procedimento seria diferente do tratamento de um câncer convencional. Os tumores não eram malignos nem benignos, mas tinham um crescimento lento. O doutor me disse: "Não tem motivo nenhum para usarmos a quimioterapia. Não vou usar um tratamento pesado, que vai fazer seus cabelos caírem, se eu tenho uma alternativa que pode funcionar melhor".

O cuidado do doutor Frederico me deu forças, me deu energia. Ele mesmo fala o motivo para o meu tratamento:

"O tipo de tumor da Maria é raro e tem resistência à quimioterapia. Havia uma discussão forte, na época, se realmente deveríamos deixar de lado a químio. A doença dela, por definição, tem crescimento lento e é resistente à terapia convencional, com drogas antiproliferativas. A lesão da Maria está na região da periferia do fígado, na superfície. Por esse motivo, não é o fígado que dói, mas sim a cápsula que o envolve. A necrose inflama essa superfície, causando uma dor aguda e rápida. Foi isso que aconteceu com ela ao procurar os primeiros médicos".

Eu comecei uma batalha contra o câncer naquele mês. E coloquei na minha cabeça que venceria a doença como mais um obstáculo que surgiu em minha vida, como qualquer outra dificuldade. Um câncer é mais complicado, mas não é impossível de vencer. Minha mãe Alicia sempre me dava muito apoio, para eu não desistir e sempre persistir.

Não foi fácil, mas eu tinha força de vontade.

O TRATAMENTO

Fizemos um acompanhamento de oito meses. Eu podia trabalhar, mas fazia tomografias de três em três meses. Foi por esse motivo que consegui trabalhar com o *Casseta e Planeta* sem nenhum problema. O santo do doutor Frederico me deu todo o suporte para que eu continuasse lutando pelos meus sonhos.

Um ano depois, em agosto de 2012, meu médico notou um acúmulo de lesões no fígado. Apesar dessa má notícia, veio uma boa: os tumores na bacia e no pulmão não tinham aumentado desde a descoberta da doença.

"No começo, deixamos quieta a doença e monitoramos tudo, para saber direito sobre o crescimento dos tumores, porque esse câncer é lento. O não crescimento dos tumores na bacia e no pulmão confirmaram que nós deveríamos tratar realmente do fígado, de forma localizada. Maria usou anabolizantes, mas naquela época fazia poucos exercícios. É difícil dizer se essa substância, que faz mal para o fígado, ajudou a causar o câncer. A doença responde a uma manipulação hormonal e o anabolizante pode sim ter agravado o quadro de câncer. Mas não podemos dizer isso com toda a certeza", diz meu médico.

Passei então a tomar uma vacina chamada Avastin®, mas ela não surtiu o efeito esperado. Foi por conta disso que veio a parte mais dura do tratamento. Tivemos dificuldade com os convênios para adquirir o Avastin®. Falarei com mais detalhes sobre esses problemas mais para a frente.

O doutor Frederico tem uma palavrinha sobre isso: "Como a quimioterapia não funciona, os médicos estudaram medicamentos específicos para bloquear a circulação sanguínea dos tumores desse tipo de câncer. A medicação utilizada normalmente nessa doença era o Interferon, também usado em tratamento de hepatite. A alternativa era o Avastin®, que funciona bem para o câncer de pulmão. Pensamos em tentar esse medicamento porque não é tóxico, não faz cair o cabelo e pode, de repente, controlar a lesão".

Em novembro, o doutor, com ajuda dos cirurgiões, fez uma embolização. Eles colocaram micropartículas nos vasos dos tumores. "Nós colocamos as partículas em um cateter na virilha da Maria, chegando até o fígado, entrando nas artérias e batendo nos tumores para eliminá-los", diz meu médico. Isso sim funcionou. Tudo certo, principalmente depois do cateterismo na virilha.

Estava bem complicado o tratamento. Você não imagina as minhas incertezas na época, embora eu estivesse mais segura comparando com o começo da doença. Já falava com mais segurança com meus familiares sobre os tratamentos a que iria me submeter. As coisas eram feitas com muita conversa, recorrendo sempre aos melhores procedimentos médicos.

No final do ano, veio o procedimento mais complicado de todo o tratamento. Em dezembro, a equipe de médicos fez uma quimioembolização, o que não é a mesma coisa que quimioterapia. Os especialistas colocaram micropartículas de químio em um processo de embolia, pelo que me disseram. O procedimento foi aplicado em todos os nódulos, exceto um.

O objetivo da quimioembolização era claro: a cirurgia tinha de reduzir o crescimento dos tumores, interrompendo suas artérias de alimentação e provocando uma necrose delas. Ficaria uma cicatriz e isso era muito importante para manter o meu câncer sob controle. E eu tinha fé de que conseguiria com esse tratamento. Meu médico dá mais alguns detalhes:

"Jogamos partículas minúsculas com carga positiva para interromper o fluxo de sangue. Isso fez as lesões diminuírem."

Fiquei quase dez dias no hospital, do dia 6 ao dia 15 de dezembro. Mas eu voltaria pouco tempo depois.

Cheguei a ir depois para a casa de minha mãe, em Itanhaém, no litoral. Mas surgiram dores que não paravam. Foram complicações no pulmão. Lá, fui parar em uma unidade do SUS local. Sem tratamento adequado, voltei ao hospital em São Paulo, no dia 17 de dezembro.

As complicações aconteceram porque meu corpo não recebeu bem o procedimento. A dor não passava de jeito nenhum. A químio da embolização entrou em um lugar que não precisava, onde não havia tumores em metástase.

Foram realizadas duas tomografias. O médico disse que tinha uma notícia boa e uma ruim. A péssima notícia era que minha vesícula estava necrosada. Se eu não tivesse sido tratada adequadamente, poderia ter morte súbita. A boa é que bastava retirá-la via operação. Hoje vivo bem sem a vesícula.

Cheguei a passar um tempo na UTI. O pior é que, durante pelo menos três dias, eu precisei respirar por aparelhos. Fiquei praticamente em coma durante alguns momentos.

Mamãe conta: "Apareceram seis anjos de guerra. Eu nunca tinha visto aqueles tipos de anjos. Eles tinham capacetes, armaduras e lanças. Eles ficaram em volta da cama. Eu cheguei a escrever um livro chamado *Deus e a medicina*. Por isso, eu sabia que era fundamental que ela tivesse o reforço do Senhor diante daquela doença", confessa dona Alicia. Para ela, aquilo tudo nunca tinha acontecido antes.

Minhas memórias daqueles dias são difíceis. Minha mãe sofreu muito, porque tinha medo de perder a filha querida, de quem ela cuidava muito. Dona Alicia foi um pouco ausente em minha infância, por seu trabalho puxado. Mas, durante o câncer, acompanhou tudo de perto e sofreu comigo.

Eu vomitei sangue naqueles dias. Pedi a Deus que preservasse minha vida. Pedi que me deixasse, pelo menos, abrir os olhos no dia seguinte. Eu queria viver.

Naquele mês, tive de tomar muita morfina para aguentar as dores causadas pelos procedimentos médicos. Tomava na veia. Recebi alta só no dia 22 de dezembro, perto do Natal. Fiquei feliz, de verdade, por estar viva após aquele momento.

Foi o período mais difícil da minha doença, por conta de todos esses efeitos e por ter deixado todos preocupados. Mamãe teve câncer de mama e dizia, com toda sua bagagem de batalhadora: "Maria, não se curve diante da doença". Dela veio a energia para meu otimismo. Usei o que podia da força do pensamento para imaginar que tudo melhoraria em breve.

A CONEXÃO COM MAMÃE

Além da terapia, minha mãe tinha passado pela doença muito antes de mim. Nos anos 2000, ela teve câncer e teve de retirar parte das mamas. Ela passou pela quimioterapia convencional e perdeu os cabelos. Em 2011, antes do meu diagnóstico, surgiram novas células cancerígenas nas mamas de mamãe. No ano seguinte, elas entraram em metástase e foram até a pele. Nós duas, juntas, tivemos que enfrentar o câncer, cada uma de sua forma.

Éramos mãe e filha com câncer. A situação não era nada fácil.

Mamãe diz, sobre aquela época: "Chorei ao Senhor e pedi que me curasse para que eu pudesse ensinar à Maria como encarar aquilo. Eu já sabia que você precisa lutar pela vida quando tem uma doença dessas, como aconteceu comigo na primeira vez que surgiu o câncer". Minha mãe foi meu principal pilar de força e de amor naqueles dias tão difíceis, estranhos e solitários.

Aquela não foi a primeira vez que mamãe passou por uma situação assim. Quando ela teve o primeiro câncer, em 2000, minha avó também tinha a doença. Vovó faleceu de câncer de endométrio, em 2002, mas antes de partir, ela lutou com minha mãe. Meu avô morreu de câncer de próstata em 2003. Minha tia por parte de mãe teve câncer de fígado. A doença, infelizmente, está na minha família. Eu era propensa a isso.

Entre 2011 e 2012, dona Alicia melhorou um ano antes de mim. Até hoje toma medicamentos para manter a saúde e evitar a formação de um novo câncer. Nós duas nos tratamos com o doutor Frederico.

Ela temia, naqueles dias, que não existisse de fato uma cura para o meu câncer. Ela é cardiologista e estava bem informada. Os tratamentos não estavam avançando muito. Mesmo assim, mamãe pedia a Deus um milagre, além da Medicina. "Eu estou entregando minha filha em Suas mãos", dizia.

Foi logo após essas preces de mamãe, três dias depois, que o médico Frederico Costa nos avisou que poderia fazer as embolizações e os tratamentos específicos que ajudariam a retirar o câncer sem a quimioterapia.

"O câncer foi uma batalha espiritual que nós duas enfrentamos. Com muita fé em Deus, nós vencemos a doença. Sem a religiosidade que nós duas compartilhamos, nada disso seria possível", diz mamãe. E ela está completamente certa. Ela foi meu principal apoio naquele momento delicado.

Mamãe sempre tinha palavras reconfortantes. Dizia que, no futuro, aquele sofrimento faria todo o sentido. E tudo tem sua explicação em Deus. Minha cadelinha, a Diva, também me ajudou muito. Ela foi como uma filha para mim, me entendendo até nos momentos mais difíceis. Eu tive todo o apoio naqueles dias.

O Fábio, meu empresário, fala uma coisa um pouco diferente sobre aquela época: "Acho que a Maria é uma pessoa predestinada por Deus a fazer o bem. Ela precisava passar por aquilo para aprender a fortalecer as pessoas. A pessoa tem de lutar. Se ela cair, deve tentar se levantar. Foi um choque esquisito, muito estranho, mas acho mesmo que Maria deveria ter passado por isso. Durante uns quinze dias eu fiquei anestesiado com tudo o que estava acontecendo. Ela chorava e chorava. Não poderia fazer outra coisa senão abraçá-la. É tudo o que ela estava precisando naquele momento. A mãe não a largava, e estava certa em não largar, além de rezar o tempo todo pela saúde. Era um momento de oração, especialmente quando ela soube exatamente o que tinha. Tem coisas que Deus faz conosco que nós simplesmente não aceitamos ou que temos dificuldade de aceitar. Nós não entendemos na hora. Ficamos loucos, indignados, mas lá na frente a gente consegue uma resposta. Temos de seguir em frente. A Maria é a pessoa mais de bem com a vida que eu conheço, disposta a ajudar todo mundo. Na doença, como ser humano, ela cresceu mais ainda. O depoimento dela sobre isso vai arrastar milhares de pessoas. E ela sempre vai ser assim".

Lembro que tudo parecia um pesadelo estranho e interminável. Mas a minha cadelinha Diva, meu querido Fábio e minha mamãe me deram a força necessária. Eu estava pronta para encarar aquilo. Tinha de acordar para a realidade e encarar aquilo de frente. Não tinha para onde fugir, afinal.

Tenho certeza absoluta de que dona Alicia sofreu mais do que eu. Coisa de mãe, eu acredito. Além do mais, ela já tinha câncer e estava vivendo a doença novamente. É tudo muito difícil e desafiador.

O QUE TIRAVA A MINHA CABEÇA DA DOENÇA?

Uma das principais coisas que me distraíam de toda aquela tensão era o trabalho. Meu emprego no *Casseta e Planeta* era uma verdadeira diversão. Comecei, claro, com papel de mulher gostosa nos quadros do programa, mas tive oportunidade de fazer outros personagens muito bacanas.

Fiz também papel de figuras gordas, de Globeleza, de empreguete, de astronauta... tanta coisa! Era uma felicidade sem fim, para uma pessoa que passou pelo teatro, fazer papéis variados. Era justamente o que eu sonhava antes do *BBB*.

E os cassetas me deixavam completamente à vontade. Conseguia ser eu mesma naqueles programas. Fazia tudo me divertindo. Era uma excelente válvula de escape.

Pena que, no final de 2012, o *Casseta e Planeta vai fundo* foi interrompido, assim como meu contrato. Mesmo assim, curti todos aqueles momentos. Lembro de tudo com muito orgulho e com um sorriso no rosto.

Outra coisa que me dava forças e me distraía era a nova religião que adotei. Eu me converti para a Igreja Evangélica, me batizei e acredito realmente que Deus me salvou dessa doença. Foi uma graça de Jesus eu ter conseguido pensar em mim, não desistir dos meus objetivos. Acho que esse lance de espiritualidade combina com minha personalidade otimista.

Acho que muitas pessoas se perdem quando não têm em quem se apoiar. Eu, graças a Deus, tenho minha família, meus amigos e uma carreira sólida que consegue manter minha cabeça saudável. O cristianismo me fez manter esses valores. A religiosidade lhe impede de perder a cabeça e lhe faz procurar o equilíbrio.

Tive também a ajuda de meus amigos ex-*BBB*s, como a Talula e o Daniel. Eles foram duas pessoas que Deus colocou em minha vida e que dificilmente vai tirar. Os dois estavam perto de mim em um momento muito importante e continuamos a conversar.

Outra coisa que tirava a doença dos meus pensamentos eram as doações para instituições de combate ao câncer. Eu já ajudava a AACC, a Associação de Apoio à Criança com Câncer, depois que o *BBB* acabou. Mas minha doença no fígado me fez ir até os hospitais com crianças portadoras do câncer, para ouvir suas histórias e aprender com elas. Essa minha atitude, na verdade, era uma promessa que tinha feito antes do *BBB* e que cumpria agora.

Quero ajudar essas pessoas, que enfrentam dificuldades tão grandes quanto as minhas. Ouvindo-as, aprendi que existem muitas situações diferentes das que encaramos no dia a dia. O Brasil, para as pessoas menos abastadas, é muito diferente do país em que eu vivo, com dinheiro suficiente para suprir minhas necessidades.

Se, para mim, que tenho convênio e acesso aos médicos, é difícil enfrentar um câncer, imagina para alguém que é obrigado a encarar o SUS. Infelizmente, a precariedade dos serviços públicos em nosso país é vergonhosa. O Brasil não está pronto para vencer todos os casos de câncer.

OS ÚLTIMOS PASSOS NO COMBATE AO CÂNCER

O ano de 2013 começou diferente para mim. Tinha passado pelo período mais difícil do meu câncer no fígado. Achei, sinceramente, que iria morrer. Mas, graças às providências de Deus, me ergui praticamente curada. Os tumores estavam sob controle. O doutor Frederico esclareceu apenas um detalhe: em algum momento eu precisaria operar o fígado, para retirar o mal pela raiz. Mas teria de ser na hora certa. Ele explica:

"Nós esperamos dois anos, certinho, da descoberta da doença para fazer a cirurgia definitiva. Tive paciência para indicar o melhor tratamento, porque eu sabia que era uma doença complicada, principalmente no fígado. Os tumores na bacia e no pulmão não cresceram e nós prestamos atenção neles. E eu acho que eles não vão crescer. O problema é sempre o fígado."

Eu tinha de tomar muito cuidado com minha saúde e, sobretudo, com o estado do meu fígado. Voltei a ter uma dieta rigorosa, mas não para ficar linda ou gostosa. Desta vez, era uma questão de saúde muito importante.

Passaram-se alguns meses. Eu me cuidei, com muita preocupação.

E não perdi o sorriso ou a vontade de viver. Em nenhum momento.

Em agosto daquele ano, descobri que precisava tirar quase metade do fígado. Os médicos falavam em 40%. Isso preocupou demais minha mãe Alicia. Toda essa parte estava tomada por nódulos, e o maior deles tinha cinco centímetros. Era preocupante e fundamental para a minha melhora fazer mais um procedimento de risco, com total apoio do doutor Frederico e de sua equipe médica.

Acontece que a operação, na prática, tirou muito mais de dentro do meu corpo. Mas, felizmente, deu muito certo.

Fui operada em uma segunda-feira, dia 4 de novembro. O procedimento levou dez horas e meia. Mamãe ligava a todo momento, em busca de notícias. Os médicos respondiam que estava tudo bem, mas sem previsão de término. Mamãe diz que havia chovido naquele dia e que ela estava triste. "Mas eu tinha certeza de que você ficaria bem, que o meu Deus havia curado você. Isso é a fé", fala dona Alicia. Ela acredita, e eu também, que nos curamos pela fé.

Os cirurgiões tiraram 70% do meu fígado. Isso foi necessário para que ele se regenerasse naturalmente, sem a presença do câncer. O mais importante não era a quantia que foi extraída do meu corpo, mas sim se havia sangramento. Muitos pacientes morrem por perda de sangue. Os médicos disseram que eu não sangrei em momento algum. Dessa vez, nada deu errado e, novamente, conseguimos controlar a doença.

O doutor Frederico Costa diz o seguinte sobre aquela cirurgia:

"Nós testamos com a Maria uma técnica nova, que só minha equipe conseguiu fazer. Operamos o fígado com uma entrada, apenas uma inserção. Geralmente operações deste tipo são feitas com duas ou três inserções. Tínhamos feito isso em apenas seis pacientes antes. A cirurgia toda ocorreu através do umbigo. Foi dessa forma que nós tiramos todas as lesões do fígado da Maria. Demoramos uma hora na extração e mais uma hora e meia para tirar tudo pelo umbigo. Isso permitiu que a Maria não ganhasse novos cortes no corpo, mantendo sua aparência".

E foi assim que, mesmo após enfrentar o câncer, eu permaneci linda.

Eu me senti vitoriosa, guerreira e desafiadora. Houve momentos em que, sinceramente, tive medo de morrer, de não ver mais a luz do dia, e tudo o que há de bom na vida.

Em nenhum momento pensei em não me tratar. Essa foi a principal receita para superar esse momento extremamente difícil. Em especial, por manter o sorriso e o bom humor, mesmo sabendo que sua mãe está muito preocupada com você. E ouvir o que você mais precisa da parte dela, porque ela cuida de você de verdade.

No dia 5 de dezembro, eu fiz mais uma tomografia. O fígado se regenerou 90%, estava medindo quatorze centímetros e as células não eram mais cancerígenas. As enzimas hepáticas estavam normalizadas. Estava tudo funcionando bem, e antes do que os médicos previam. Uma felicidade só!

"Maria, agora podemos dizer que você está curada. É mais fácil você morrer atropelada na rua do que por causa dessa doença", disse o doutor Frederico.

Foi quando eu decidi abrir o jogo com a imprensa. Contei tudo sobre a minha doença, embora tenha guardado muitos detalhes. Foram dois anos vivendo essa história depois do *BBB*, e eu achei que finalmente deveria falar sobre isso.

Você deve estar se perguntando por que eu fiz isso.

Para que as pessoas tenham um exemplo, uma referência de uma pessoa comum que, apesar de seus recursos, conseguiu vencer uma doença raríssima com garra e otimismo.

Eu sempre vivi bem porque tive bons exemplos na minha família e na vida profissional. Eu sempre quis fazer as coisas do modo certo. E quero que as pessoas também tenham essas referências. Quero que todos tentem agir do jeito certo.

Falar fez muito bem para a minha recuperação pós-cirúrgica. Vi, mais uma vez, como eu sou muito querida pelo Brasil. Pessoas com câncer me mandaram mensagens que me fizeram chorar de verdade. Elas diziam: "Poxa, Maria, você venceu na vida. Eu quero vencer como você". E eu digo para eles, do fundo do meu coração, que qualquer um pode vencer. Especialmente com Deus no coração e com muito otimismo.

Eu me definiria como uma mulher guerreira. E que luta para vencer. Sou, sim, uma vencedora. Entendi que queria ser assim só depois de crescer, mas sempre fui desse jeito, mesmo quando não percebia. Mesmo quando me rebaixava aos homens. Eu não queria perder. E ninguém, na verdade, quer isso.

Quero que as pessoas se espelhem na batalhadora que me tornei.

O PROBLEMA DOS CONVÊNIOS MÉDICOS

Enfrentar uma doença rara não foi a única dificuldade. Tive de encarar, infelizmente, uma grande realidade do Brasil: o sistema de saúde precário. Eu, felizmente, tive conquistas no *BBB*, estava famosa e tinha uma vida financeira estável. Mas, mesmo assim, tive problemas com os convênios médicos, problemas que nem mesmo o dinheiro resolvia de forma simples.

Uma grande amiga que eu tive do meu lado, especialmente em momentos difíceis dessa doença, foi a minha advogada, a doutora Solange Ferreira Moitinho. Ela trabalha comigo desde antes da minha entrada no *reality show*. A doutora Solange acompanhou esse período de grandes mudanças da minha vida, quando eu me tornei uma figura pública.

Antes de entrar no *BBB*, eu tinha um convênio razoável, que continuo pagando até hoje, para suprir minhas necessidades mais urgentes de exames. Como sempre fui em médicos de confiança, graças à mamãe e à minha preocupação com meu corpo e minha saúde, eu mantenho esse convênio desde pelo menos sete anos antes do *BBB11*. Poucas pessoas no Brasil conseguem manter um contrato desses por muito tempo. Como a saúde sempre esteve em primeiro lugar para mim, eu mantive o convênio e fechei contratos também com outras empresas, para poder receber os cuidados adequados na maioria dos hospitais particulares aqui em São Paulo.

O meu câncer foi descoberto em outubro de 2011 e eu precisei fazer biópsias para iniciar meu tratamento. No Hospital São Luís, eu fiz a biópsia do fígado por meio do convênio e só paguei os honorários médicos. Depois me mandaram para um outro hospital, chamado São José, para fazer outros procedimentos. Lá fui atendida por um médico que achou que eu precisaria de quimioterapia. Isso foi antes de conhecer o doutor Frederico.

Nesse outro hospital, todos os tratamentos e procedimentos ficaram por minha conta, pois o convênio foi recusado. Foi bem caro.

Em 2012, as coisas mudaram um pouco. O contrato do *Casseta e Planeta* me trouxe um convênio médico novo, o que eu estava precisando na época. Eu tinha conhecido o doutor Frederico e comecei a me tratar no Sírio Libanês.

O emprego na Globo e o novo convênio permitiram que eu fizesse os procedimentos no Sírio sem problemas. Só paguei os honorários médicos. Graças a Deus eu tive como me cuidar naquela etapa, apesar dos gastos pesados do ano anterior.

O plano médico da emissora me tratou muito bem e soube dar a devida importância para minha doença, que não tinha procedimentos muito simples. Eu só tenho a agradecer por tudo o que aconteceu naquele tempo. O serviço de convênio era maravilhoso e envolveu inclusive a quimioembolização, as internações e todas as complicações de efeitos colaterais que a doença me trouxe. Mesmo assim, algumas dificuldades com serviços médicos vieram depois.

Infelizmente, em dezembro daquele ano, acabou o meu contrato no *Casseta*. O convênio ainda permitiu que eu fizesse as operações complicadíssimas de embolização e quimioembolização.

Em 2013, voltei a usar o convênio que tinha antes de participar do *BBB*. Com medo do que poderia acontecer com a minha doença, e atenta aos alertas do doutor Frederico, eu fiz um novo convênio médico, realmente bom, com todos os benefícios de que eu precisava. Mas esse novo convênio tinha uma carência de dois anos para doenças preexistentes, o que impedia o tratamento necessário. Ou seja, novamente, eu estava sem recursos de convênio médico para lidar com o câncer. E, cada vez mais, eu precisava realizar uma cirurgia.

A doutora Solange, minha advogada, tem um pouco a dizer sobre isso:

"Apesar de a Maria ter um convênio *top* e um intermediário, as complicações foram aparecendo. Foram inúmeras dificuldades para ela. A alegação do convênio antigo era que eles não cobriam aquele tipo de procedimento. Foi dessa forma que começaram os maiores percalços do tratamento. Tivemos de entrar com um pedido para socorrê-la pelo Poder Judiciário, que foi bastante eficiente. Eles nos concederam uma liminar para que ela fizesse os procedimentos de extração do fígado sem custos adicionais. Tudo aconteceu sem grandes problemas, mas existiram muitas tentativas sem sucesso que deixaram Maria desesperada. No início, pelo menos seis pedidos de socorro por meio do Poder Judiciário foram negados. Foram inúmeras ligações para o convênio que ela teve durante a vida toda."

Eu estava sem nenhum dos dois convênios e tentando acionar seis vezes a Justiça para poder diminuir um pouco os custos do tratamento. Sem nenhuma resposta, o tumor continuava crescendo em meu fígado. E o doutor Frederico falando: "A gente tem que operar logo!". Eu poderia ter operado antes, se não existissem tantos problemas. Tive de acionar minha amiga e advogada para solucionar o problema.

Eu poderia ter feito os últimos procedimentos muito mais rapidamente se não fossem esses problemas de convênio. E minha vida estava em risco, com o convênio médico me enrolando. Doutora Solange esclarece melhor: "A negativa do convênio é comum e afeta todos os outros cidadãos, ou seja, a Maria, graças a Deus, tem a oportunidade de ter mais de um convênio, que cobre diferentes necessidades, e tem a possibilidade de recorrer ao Poder Judiciário. Nem todo mundo tem esse tipo de acesso".

Na reta final do tratamento, eu estava com o convênio médico que mantenho há, pelo menos, nove anos, e um convênio *top* que não pagava esses procedimentos finais. Se eu não tivesse advogada e dinheiro, se eu fosse me tratar no SUS ou nos hospitais públicos convencionais, que estão uma porcaria, eu estaria provavelmente morta. No serviço público, é tudo mais lento, e isso quando existe tratamento correto para sua doença.

O convênio médico *top* que mantenho só vai poder tratar o tipo de câncer de fígado que me afetou quando acabar o período de carência, que é de dois anos. Ou seja, só a partir de janeiro de 2015 ele cuidaria da minha doença. E eu não poderia esperar todo esse tempo.

O que o doutor Frederico Costa me dizia, enquanto eu tinha esses problemas com convênio, é que meu fígado estava sendo castigado pelo câncer. "Não podemos esperar de forma nenhuma, porque seu fígado está com uma metade tomada por tumores. Se isso continuar assim, daqui a pouco não teremos o que fazer", disse ele. Quanto antes fosse feita uma cirurgia, mais rapidamente eu estaria curada e com a doença sob controle. No entanto, por problemas desse tipo, muitas pessoas não conseguem o tratamento de que precisam.

Eu gostaria que o meu câncer e todo o nervosismo que enfrentei fossem exemplos para que os hospitais e os convênios tratem melhor seus clientes. E gostaria também que o meu país tratasse de uma maneira digna as pessoas que estão com doenças sérias. Se eu fosse para o SUS, poderia ter morrido. O SUS saberia tratar um hemangioma epitelioide? Os médicos de lá estão prontos para atender um câncer raro, que só afetou cem pessoas no mundo? Eu acho que não.

A doutora Solange ainda reforça: "A Maria foi uma privilegiada por contar com o Poder Judiciário e por ter condições financeiras para pagar determinados exames por conta própria". Às vezes, a gente tem um convênio médico e acha que está tudo certo, mas não está. O meu tratamento foi negado várias vezes. E eu encaminhei tudo corretamente, desde a documentação que eles sempre pedem até as informações detalhadas do quadro do meu câncer, que era grave.

Minha doença também complicou a vida da minha advogada. "Eu tinha uma filha de três meses e me lembro da Maria me ligando, chorando, para pedir ajuda com o caso dos convênios. Ela pedia, pelo amor de Deus, que eu a ajudasse. Ela não tinha uma resposta de nenhum dos dois convênios médicos. O doutor Frederico já tinha dito que era tudo muito urgente. Na condição de advogada e amiga da Maria, eu estava com as mãos atadas. Cheguei a ligar e até a ir pessoalmente ao convênio, sem esperar sair uma resposta do Judiciário, para tentar resolver a situação. Mas não teve jeito."

A data final da cirurgia no fígado teve de ser remarcada três vezes. A demora foi por conta da morosidade do meu convênio antigo em liberar a decisão do Poder Judiciário para quitar todos os pagamentos do procedimento. Minha advogada lembra: "Teve uma ocasião em que a família toda da Maria veio até São Paulo, estava tudo marcado e a cirurgia não foi realizada. Havia uma determinação judicial impondo que a Maria deveria ser internada pelo plano de saúde. O não cumprimento disso gerava o crime de desobediência. Mesmo assim, ela não foi obedecida imediatamente. Ela estava enfrentando uma angústia profunda, de malas arrumadas para ir ao hospital. Muitas vezes eu não contava tudo o que estava acontecendo até para não deixá-la mais angustiada. No fim, eles cumpriram a determinação judicial, mas não foram eficazes como deveriam".

Até minha irmã do Paraná veio me ver e cuidar de mim. E eu estava enfrentando um aperto. Eu entrei, de verdade, em pânico.

O câncer é uma doença que exige que você aja rápido e as coisas não podem demorar. Por conta da falta de ajuda dos convênios, eu passei por um estresse emocional que não deveria passar, porque isso abaixa a resistência física. Eu precisava de tranquilidade e de segurança naquele momento difícil. Fiquei sem dormir e chorava, infernizando a vida da minha advogada e dos meus amigos. As pessoas do setor de saúde deveriam ficar mais conscientes do risco que muitos pacientes correm. Eu não precisava ter passado por tudo aquilo. Se eu não tivesse advogada, se não soubesse dos meus direitos, provavelmente teria morrido ou ainda estaria com o câncer crescendo dentro de mim.

A doutora Solange diz: "Todo mundo acha que ter dinheiro é suficiente para conseguir tratamento médico com dignidade. A realidade não é bem assim. A Maria tinha dois convênios bons e enfrentou muitas dificuldades. A Maria não é uma coitada, mas ela gastou muito dinheiro com tudo o que aconteceu".

Em honorários médicos, exames e outros procedimentos com os quais os convênios não me ajudaram, eu gastei mais de 150 mil reais. Quantas pessoas no Brasil conseguem tratar uma doença assim? E as que dependem de hospital público?

Fiquei pensando, sempre que trombava com todas essas dificuldades, nas pessoas que passam por muito mais necessidades do que eu. A vida não é fácil.

RESOLVI AJUDAR PESSOAS QUE TÊM CÂNCER

Logo depois que o BBB acabou, eu passei a doar dinheiro e parte do meu tempo para instituições como a AACC. Visitei também hospitais e locais de internação nos quais estão pessoas portadoras de câncer.

O Fábio lembra uma coisa curiosa: "A Maria chegou a visitar crianças com câncer quinze dias antes de descobrir a própria doença. Deus prega lições engraçadas. As doações que ela fazia para as instituições foram o começo de uma luta contra a doença. Ela estava predestinada a encarar tudo isso".

Um dos locais que visitei em 2014 foi o Hospital do Câncer de Pernambuco, onde fui dar uma palestra ao lado do meu amigo Daniel Rolim, também ex-*BBB*. Sempre que posso, tento falar sobre a minha doença e a minha trajetória. É uma forma de desabafar tudo o que passei.

No que eu puder ser útil para as pessoas que enfrentam a doença, eu estou disposta a ajudar. Só quem passou por uma doença como a minha sabe como é difícil.

O Fábio Nogueira, meu empresário, diz algo muito legal sobre essa minha vontade de ajudar as pessoas e sobre como este livro pode inspirá-las. "Muita gente tem medo de ir ao médico com dor de dente. Uma coisa simples, sabe? A Maria não. A Maria enfrentou e venceu até uma doença difícil. O livro dela vai ajudar milhões de pessoas a ter coragem. Quem olha o exemplo dela consegue ter força. As pessoas podem e devem encarar qualquer problema. A Maria nunca desistiu, nunca se entregou. Na época do *BBB*, a Globo me entrevistou e eu disse, com todas as palavras: 'Tudo o que a Maria tentou, ela venceu, ganhou'. Eu já compreendia isso, a conhecia e sabia da estrela que ela tem dentro de si. Não é todo mundo que tem isso. Mas a gente deve buscar a nossa estrela."

Todo mundo precisa ter essa esperança dentro de si.

E eu me fortaleci ainda mais ouvindo histórias de pessoas muito diferentes de mim, que vivem outra realidade.

Eu tenho uma fã que está sempre perto de mim e que é uma das minhas melhores amigas, uma pessoa de total confiança. Ela vê a minha vida e se inspira com tudo o que faço. O nome dela? Izabel Cristina Morais da Silva, de 27 anos, um anjo na minha vida.

"Quando eu vi a Maria no *BBB*, sentadinha com aquele olhar de mel, eu falei: ela mostra que é feliz. As pessoas geralmente não fazem isso. Ela mostrou a realidade de dentro dela. Eu estava na maior depressão e me perguntava sobre isso. 'Por que eu estou desse jeito se eu posso ser feliz?' Disse a Deus que aquela pessoa era uma missão para mim. Pelo olhar dela, eu sabia que ela iria ganhar. Não conhecia ninguém entre os fãs dela na internet, mas fiquei observando e comecei a votar, tanto de dia como de noite. Eu queria ajudá-la ela a ganhar. Trabalhei em hotel, com artistas, e não conheci nenhum como ela. As pessoas falavam mal dela por trás e ela continuava querendo ajudar todo mundo. Todos falavam que queriam ganhar um milhão de reais. E ela nunca dizia isso. Isso é humildade e falta isso nas pessoas. Vi todas as festas de que ela participou no *reality*. Às vezes eu tinha de trabalhar no dia seguinte às cinco da manhã, mas eu via tudinho do programa por causa dela."

A Iza me viu no *BBB* e me conheceu em um evento da revista *Corpo a corpo*. Eu a cumprimentei, mas não tinha ideia do que aconteceria depois. Uma outra fã, chamada Cecília, tinha um blog dedicado a mim. A Iza então começou a cobrir todos os meus eventos, mandando material para a Cecília e sempre me apoiando e me dando força. Ela nunca tinha mexido em blog, nada sabia sobre internet e começou, aos poucos, a entrar nesse universo, principalmente me ajudando com o Facebook. A Iza então me falou algo muito importante, durante um evento em Botucatu: "Eu olhei nos olhos da Maria para dizer isso. Vou montar um blog para você, nossa estrela. Montei sozinha, tudo, e consegui milhões de acessos".

A Iza me acompanhou na doença, sem saber direito o que acontecia comigo. No dia em que eu passei mal na Fenatran, foi ela que disse que eu estava com temperatura baixa e que me socorreu. "Cheguei a ficar doente com a Maria. Fiz exames no fígado como ela fez e vivi aqueles dias difíceis. Eu chorava junto, mesmo sem ela me falar nada. Mas mandava mensagens positivas. Quando a gente ama uma pessoa, a gente vive junto as coisas. Eu chegava a deitar e ver a Maria chorando. Enviava meus melhores pensamentos. Tinha medo de perdê-la. Você sabe que câncer leva embora. Os fãs achavam que ela podia morrer. Eu virei evangélica, a mãe da Maria disse que eu tenho obra e serei missionária. Não faço nada disso por dinheiro, apenas porque eu gosto dela. Quero ajudar muita gente e eu daria a minha vida pela Maria." A Iza é uma pessoa doce, de verdade.

Foi ela, então, que me mostrou as mensagens dos fãs e divulgou quando eu finalmente me curei do câncer.

"Quando ela saiu do hospital, depois de dez horas de cirurgia, bombou na internet, no Twitter e no Facebook tudo o que era relacionado à Maria. No blog, as pessoas mandaram todos os tipos de mensagem positiva. Tive uma vibração naquela noite, antes de saber como a Maria estava, e acordei assustada. Fiquei sabendo naquele momento que ela estava em cirurgia. Eu acordei de manhã e tive um choque, mesmo sabendo com antecedência. Já perdi uma conhecida que lutou por anos contra a leucemia. Chegaram muitas mensagens de oração, pedindo a Deus que continuasse a iluminar a vida dela. A Maria é realmente uma estrela", disse a minha querida amiga.

Ouvi histórias incríveis de crianças e de adultos que enxergam em mim um exemplo para se superar. A Iza separou algumas mensagens para vocês:

"Você me deu forças para LUTAR e me fez ter vontade de VENCER. Obrigada por me ensinar a ser GUERREIRA." Sarah Vitt, de São Paulo.

"Miss Melilo, se a fé em Deus for verdadeira, haverá sempre certeza de vitória no coração." Dayse, de Miami, nos Estados Unidos.

"Mariazinha, nunca se esqueça... A preocupação olha em volta, a tristeza olha para trás, a fé olha para cima." Vilma Santos, da Bahia.

Todas essas mensagens me emocionam e justificam tudo o que sofri. Eu consigo ser um exemplo para essas pessoas. Quero ajudar ainda mais gente. E é isso que eu mais quero ser: um exemplo. Uma pessoa que traz vibrações positivas.

DEPOIS DO CÂNCER, VOLTEI AO TEATRO

Meus tumores no pulmão e na bacia permaneceram, mas não vão mudar porque não sofrem metástase nem aumentam de tamanho. Meu médico, doutor Frederico Costa, chegou a essa conclusão após meses de cirurgias e tratamentos. Com isso em mente e meu fígado recuperado, voltei a batalhar meu espaço no meio profissional. Eu não podia parar!

Passei a participar da peça *Um certo machão*, estrelada por Luiggi Francesco e Carmen Sanches. Os espetáculos começaram no dia 17 de janeiro de 2014, no Teatro Bibi Ferreira, em São Paulo. Interpreto uma advogada chamada Mary. Vou dar um resuminho da história para vocês.

Essa peça conta a história de um executivo, interpretado pelo Luiggi, que é bem-sucedido e mora sozinho. Ele tem um namorico com sua empregada doméstica, personagem da Carmen Sanches. Um dia, ele recebe uma mensagem dizendo que ele vai herdar uma fortuna, mas o documento diz que ele só receberá a herança se provar que é gay. Por isso, ele pede ajuda de uma advogada, que sou eu, que não sabe quase nada sobre a história. E o protagonista tenta comprovar que é homossexual.

É um trabalho engraçado que me deixa profundamente feliz no ramo da comédia. E me faz pensar que hoje, aos 30 anos, estou curtindo a vida com tudo o que ela pode me oferecer.

O câncer é uma doença para lidar durante a vida toda. Mas, hoje, eu tenho o alívio de dizer: estou curada. Não há tumores crescendo dentro de mim. Preciso apenas estar atenta com a minha saúde. Está tudo sob controle, mesmo após tantos problemas.

Capítulo 6

TRÊS LIÇÕES PARA ALCANÇAR OS SEUS SONHOS

O que você faria se soubesse que tem um ano de vida? Alguns meses? Alguns dias? Você aproveitaria para realizar seus sonhos?

Eu me peguei pensando nisso durante os momentos mais difíceis do câncer. Fiquei desorientada quando não sabia qual seria exatamente o tratamento que me salvaria. Tive medo de morrer, tive alguns dias desesperados e só pensava em uma coisa: acordar bem no dia seguinte.

Em que eu pensava quando estava no *BBB*? Em me divertir. Eu pensava em aproveitar o momento.

Minha vida teve momentos muito diferentes. E, na maioria deles, eu sempre consegui abrir um sorrisão, balançar o corpo e continuar caminhando com minhas próprias pernas atrás das coisas que me fascinam e que me dão aquele frio na barriga.

E, nos diferentes momentos da minha vida, eu tive sonhos diferentes. Realizei boa parte deles, descobri vontades que não conhecia e continuo correndo atrás de outras realizações.

Um dos meus segredos é simplesmente não parar.

Não parar de fazer acontecer. Não parar de amar nem de procurar as oportunidades certas para minha carreira e para minha vida.

Os sonhos são grandes coisas, mas muitas pessoas deixam que eles fiquem distantes e inúteis para a vida prática. Eu gosto de correr atrás deles. Sou, sim, uma sonhadora, mas batalho para que eles não fiquem nas nuvens. E, mesmo que seja difícil, estou sempre tentando fazer a diferença.

Como mudei com o tempo, meu jeitinho de sonhadora foi mudando também. Imaginava muitas coisas para mim, mas o caminho foi se formando à medida que eu comecei a identificar do que eu realmente gostava. Entender cada coisa que chamava minha atenção me fez entender meu próprio caminho. Acho que mais pessoas deveriam pensar dessa forma, então vou tentar te ajudá-lo a entender um pouco o que se passou comigo.

Faço um esboço de pelo menos três lições para conquistar seus sonhos.

ENCONTRE ALGO QUE SEJA ENVOLVENTE

Quando era adolescente, eu descobri que gostava de cantar e resolvi fazer aulas de canto. Já fazia exercícios e tinha dançado balé. Eu não sabia, mas usar a minha voz foi, mesmo que por acidente, o primeiro passo para encontrar algo que me envolvesse.

Ao usar a voz, você passa a brincar com a letra e com o som de uma música. Para cantar bem, você precisa ter personalidade e perseverar para melhorar sempre. Precisa praticar muito.

É quase como um exercício, mas envolve também arte.

Descobri que usar a minha voz me fazia entender mais sobre a minha cultura. Aprendi a entender os artistas de que mais gostava. Era, definitivamente, algo que me envolvia.

Quando comecei a cantar, não imaginava que isso iria me levar para um lugar importantíssimo de minha carreira: o teatro.

Das aulas de canto, fui para o curso do Wolf Maia. Entendi que eu queria interpretar personagens, atuar em cenas.

Minha leitora e meu leitor, eu descobri que queria ser artista. Queria ser uma atriz envolvida com a arte que me atrai. Queria trazer, para as pessoas, ideias e situações que fazem parte da vida delas. Queria fazer uma ficção que pode ajudar com os problemas da realidade.

Quando subo em um palco, eu quero que as pessoas se lembrem de mim e da peça como algo que ajudou a mostrar o mundo para elas. A cultura é isso, não é? A gente vê, pela arte, os lugares e as situações da humanidade que não temos oportunidade de encarar o tempo todo. Os personagens do teatro trazem alegria, amor, desespero, rancor e uma mistura de sentimentos que nos ajudam a entender as coisas.

Envolvida pelo canto e pela interpretação no teatro, eu sonhava em me tornar uma atriz reconhecida e valorizada em nosso país. Eu achei algo de que realmente gostava e, aos poucos, fui descobrindo o que queria.

Na época do Wolf Maia, eu comecei a criar o meu sonho. Comecei a batalhar bem a sério por ele quando fiz as peças de Nelson Rodrigues e, depois, quando percorri o Brasil como atriz.

Quando consegui entrar no *BBB*, no fundo, estava me realizando como artista, com os holofotes para mim em um dos maiores programas da televisão brasileira. Estava ali para, depois, tentar uma novela. Eu queria botar meu rosto ali para me tornar conhecida. O dinheiro não importava sozinho. Eu tinha de ficar famosa.

O *Casseta e Planeta vai fundo* foi a mesma coisa. Foi uma oportunidade única para que eu trabalhasse, na televisão, algumas comédias que fazia no palco do teatro. Era um sonho se tornando realidade.

Hoje, estou de volta aos palcos após vencer um câncer. Eu alcancei o sonho ao me envolver em algo de que gostava desde muito nova. O sucesso e a realização dos desejos acontecem assim. Não planejei tudo isso. E não tinha a menor ideia de que cantar acabaria me fazendo atuar em um palco. São coisas diferentes, mas acho que consegui encarar como um trabalho que me guiaria até o que estava querendo.

Continuo a sonhar com algo que me envolva, porque trabalhar com o que se gosta é isso. Estou amando este momento de vida, por mais que existam dificuldades.

E eu fiz isso tudo sem pensar demais.

APROVEITE O QUE VOCÊ TEM AGORA

Os sonhadores têm um defeito chatinho, mas que infelizmente existe: eles ficam esperando a oportunidade perfeita. Eu aprendi, com o tempo, que ela não existe. A gente tem de construir o caminho até os sonhos.

Quando eu era menor, eu queria que os meninos parassem de me chamar de "Olívia Palito". Era um apelido péssimo e eu me sentia mal por isso. Eu poderia ter esperado. Poderia ter falado que aquilo era *bullying* e ter reclamado com alguém.

Mas decidi, por minha conta, fazer exercícios. Fiquei bonita e gostosa. Fiz aqueles meninos fecharem a boca e não falarem mal de mim outra vez. Eu me senti bem, realizada, na procura de um corpo perfeito e saudável.

A gente não pode ter preguiça diante das oportunidades. E você só consegue aproveitar tudo isso quando está para cima, de bom humor e atento às novas chances. Precisa estampar um sorriso no rosto e ter prazer de viver. Não vi muitas pessoas terem conquistas sem otimismo e amor. Eu consegui as coisas assim. Mamãe também. A maioria das pessoas que conheço precisa alimentar felicidade para atrair mais felicidade.

É a pura lei de atração!

O *BBB* foi assim. Sempre disseram que, lá dentro, a gente tem de jogar o jogo. Não é dessa forma. O Brasil acabou me vendo e me amando porque eu estava ali dentro curtindo tudo, aproveitando a onda. Não estava superpreocupada com os paredões. Para dizer a verdade, eu só me lembrava de coisas chatas quando estava perto de tirar alguém da casa.

Quando eu tinha que votar em alguém, era difícil e acabava topando com as pessoas que menos gostavam de mim por ali. Mas, ao acabar o paredão, eu me jogava de novo no *BBB*. Aproveitava as festas, as provas e era autêntica. Eu não poderia passar uma imagem errada de mim naquele momento. E procurava ignorar o que pudesse me atrapalhar.

Não valia a pena eu me irritar sem motivo naquela hora. Tentei encarar da melhor forma possível as coisas que aconteciam comigo. Essa foi a minha fórmula de vitória.

Eu sonhava em ganhar aquele *reality show*. Minha mãe tinha praticamente certeza de que eu venceria. Tudo o que eu poderia fazer era aproveitar aquele ambiente e tudo o que ele podia me oferecer. Faça isso com as situações que acontecem em sua vida.

ESTEJA PRÓXIMO DAS PESSOAS CERTAS

Quando estudei teatro, tive os contatos certos para trabalhar como modelo e ganhar premiações. Quando estive dentro do *BBB*, fiz os amigos que realmente me deram uma força em momentos difíceis. Depois do *reality show*, mamãe esteve bem próxima de mim, me ajudando a manter a cabeça no lugar e a saber em que investir aquele prêmio. A vida inteira eu me cerquei das pessoas certas. Elas sabiam como me ajudar e, quando não sabiam, me davam o ombro necessário nos momentos difíceis.

A gente sempre sonha e deseja alguma coisa. Porém, imaginar o que a gente tanto quer adianta muito pouco, contribui muito pouco. A cabeça ajuda a ter aquele desejo insaciável, mas nós só conseguimos chegar perto dele agindo, de fato.

Encontrar algo que envolva é um dos passos. Aproveitar todos os momentos que levam àquele sonho é outra etapa. Mas se envolver com as pessoas que podem ajudá-lo é fundamental. Conhecer pessoas é uma das coisas que eu mais gosto de fazer, porque isso nos permite criar novos colegas e amigos, e conhecer novos amores.

Quando o câncer veio, as pessoas que realmente importavam estavam ali, me dando forças e mantendo a esperança dentro de mim. Tive alguns problemas durante o tratamento, e esses amigos foram fundamentais. Estar sem as pessoas certas é terrível. Para mim, é difícil até imaginar como seria sem essas pessoas tão carinhosas.

Nos momentos mais difíceis da doença, o meu maior sonho foi simplesmente acordar bem, e feliz, no dia seguinte. E fiz um esforço muito grande para continuar sorrindo e enxergando o lado positivo da vida. Quando decidi contar ao Brasil tudo o que eu passei, meu intuito era que minha mensagem de superação chegasse para mais pessoas.

Eu quero que as pessoas com câncer contem com meu apoio durante suas lutas, para que consigam conquistar seus sonhos. Quero que recebam os melhores conselhos em momentos difíceis como esses. Quero, de verdade, que todas as pessoas sejam felizes e consigam o que querem, de verdade.

Você deve sempre lutar pelo seu sonho, seja qual for, em qual momento estiver. Espero que essas dicas realmente ajudem.

Capítulo 7

FAMÍLIA E AMIGOS... SEMPRE MUITO PRECIOSOS

Sempre gostei das músicas do Jack Johnson. Com seu violão e sua voz, ele me deixa calminha, calminha. E ele tem canções que nos aproximam das pessoas. Isso é puro amor.

Eu sempre busquei fazer amigos. Não sou mesmo tímida. Se as pessoas confiam em mim, eu começo a brincar, a tirar sarro e a fazer coisas que não faria com qualquer um.

Amigo que é amigo, para mim, acaba se tornando parte da família. Não tem jeito, acabo colocando as pessoas para dentro de minha vida.

E quanto à família, isso a gente não escolhe. E a minha é abençoada por Deus.

Papai Vicente foi mais presente em minha infância. Mesmo quando ele e mamãe se separaram, eles permaneceram amigos. Dona Alicia se tornou médica dele, até seu falecimento. Ele se tornou advogado dela. Foram felizes ao seu modo, mesmo sem um casamento ou uma família convencional.

Isso vem desde lá atrás. Quando pequenina, eu já sorria e era simpática. Minha irmã, Araceli, e meus pais viviam repetindo isso. Eu curtia o que havia de bom na vida. Mas a felicidade não é sustentada apenas com a alegria.

Você precisa de amigos para compartilhar experiências. Precisa de amigos para desabafar quando tem raiva. Precisa deles para chorar, quando as coisas forem impossíveis. Eles são tudo! São as pessoas que estarão dispostas a ouvi-lo e a apoiá-lo. São as pessoas que vão chacoalhar você quando precisar. E eu tive isso desde pequenina, na escola, nos esportes e até na malhação.

Nunca fui muito fã de jogar bola, ou de esportes mais competitivos, mas conheci muitas amiguinhas na dança, como o balé. O esforço físico me deixa muito sociável. É naquele momento que você tem vontade de engatar um papo com alguém, conhecer pessoas.

A vida inteira, eu fiz amizades assim. É o meu jeitinho.

AMIZADE NO *BBB*

O *BBB* foi um período de mudança radical na minha vida, e uma etapa de conquistar novos amigos. Eu me apaixonei pelo MauMau, corri atrás dele quando não deveria e, quando finalmente percebi que o amor-próprio era necessário, dei uma chance para o Wesley, que estava interessado em mim.

E fiz grandes amigos. A Talula foi quem estava mais próxima de mim naquele jogo. Continuamos conversando até hoje e somos muito amigas!

O Daniel, que ficou em terceiro lugar no *BBB*, também continua falando comigo. Viajamos juntos e eu conheço até a família dele. O Dani e a Talula se transformaram em grandes companheiros, e em amigos pós-*BBB*. Confio muito nos conselhos que eles me dão. São sempre palavras de apoio, uma ajuda que toda pessoa precisa.

Amigos são as pessoas que nos dão palavras carinhosas, com quem temos intimidade e experiência; para mim, a amizade e o amor não são coisas muito diferentes. A troca é o que define um bom amigo para mim. E eu quero, cada vez mais, conhecer pessoas diferentes, que possam, pouco a pouco, acrescentar coisas à minha vida.

DEPOIS DO *BBB*

A minha grande amiga depois do *reality show* foi, sem dúvida alguma, minha mãe. Dona Alicia foi homenageada por mim naquele ensaio da *Playboy* e ela passou a acompanhar minha vida bem de perto. Viajamos para Buenos Aires, para relembrar suas origens. E ela passou a dividir comigo a fama.

Mamãe acompanhou meu sucesso em sessões de autógrafos, em palestras e nos eventos para os quais eu era chamada. Ela não estava acostumada com tudo aquilo, mas, com muito orgulho, abraçou a filha que tem.

Mamãe sempre foi assim. Mas acho que ficamos incrivelmente mais próximas nesta nova etapa de minha vida. Ela estava ali no momento mais difícil.

Durante o câncer, ela me disse as palavras certas nos momentos mais difíceis. Foi ela que acreditou no meu potencial e na minha capacidade de permanecer feliz e motivada. Ela, que me conhece desde muito pequena, me fez lembrar de como é importante amar a si mesma.

O valor do que mamãe fez por mim não dá para medir. Ela me fez guerreira, despertou a batalhadora que sempre fui.

Tive o conforto de amores de namorados e dos amigos que conquistei em minha vida e que foram essenciais muitas vezes. No entanto, a família foi um dos meus melhores abrigos.

Todos da minha família moram, hoje, em locais diferentes. Mas a minha luta pessoal, da qual eu não desisti em nenhum momento, os fez viajar e permanecer juntos para me ver e cuidar de mim. Uni toda a minha família em torno de uma doença rara e que exige um trabalho cuidadoso e sempre atento. O doutor Frederico frequentemente conversava com dona Alicia, para que ela contasse à família todas as novidades de meu tratamento. Mesmo separados, papai ligava para mamãe. E eles eram grandes amigos, sempre dispostos a conversar entre si. Minha irmã me deu todo o apoio necessário em momentos estressantes.

OS AMIGOS LHE DÃO FORÇA. E VOCÊ DÁ FORÇA PARA ELES

As pessoas que estão próximas de você vão secar suas lágrimas, lembrá-lo de momentos bons ou de como a vida pode ser extremamente alegre e simples. Amigos são fundamentais, porque eles nos dão força. Meu leitor e minha leitora, não deixem de ter amigos. É sempre maravilhoso ter aquelas pessoas que despertam o que existe de melhor dentro da gente.

E você dá força para seus amigos quando acolhe o carinho deles. Vejo isso em meus fãs, aquelas pessoas que me enxergam como um exemplo e como alguém que elas gostariam de ser. Elas sempre lembram do que eu superei, de como superei, e do que eu inspiro em suas vidas.

Tenho todo tipo de fã me pedindo autógrafo. Desde pessoas que acompanharam meu trabalho no teatro, até os meus fãs viciados em *BBB*, que viram tudo da casa, e como eu me tornei uma vencedora. Fiz muitos amigos também na AACC e em outras instituições que ajudam pessoas com câncer. Meus olhos se enchem de lágrimas com as histórias daquelas pessoas.

Vi gente forte entre meus fãs. Gente valente e tão guerreira quanto eu.

O Brasil é um país muito difícil. É um país que eu amo e que acolheu minha mãe. Tem belezas naturais, é abençoado por Deus e tem muitas pessoas maravilhosas. Mas convivemos com a pobreza e com as pessoas menos favorecidas na sociedade. Temos instituições que batalham todo dia para ajudar muita gente, mas nada parece suficiente. Os serviços do governo não chegam nem perto de serem suficientes. E cada vez mais é difícil pagar as contas, superar problemas e conviver bem com as pessoas.

E é por esse motivo que eu estou contando aqui a minha história. Para espalhar o amor entre as pessoas.

Amar é simples, nós complicamos demais.

Capítulo 8

MENTE SÃ, CORPO SÃO

Exercício físico para mim não é apenas um hobby, é também uma mania e um lazer. Exercitar o corpo fortalece a minha alma. Eu não acredito em beleza sem um interior equilibrado. Por isso, a mente saudável sempre vem acompanhada de um corpo muito bem cuidado.

Neste capítulo, eu separei algumas dicas que você não pode deixar de conferir para entender como cuidar do seu corpo e o que fazer para cada vez mais melhorar o seu dia a dia.

O segredo, sempre, é ter equilíbrio.

EXERCITE-SE POR PRAZER, NÃO POR OBRIGAÇÃO

Quando comecei a fazer exercícios físicos, foi para fazer o que gosto, não para simplesmente ficar bonita e gostosa. As coisas não são simples e provavelmente você sabe disso.

Eu escuto muita gente, mas muita gente mesmo, reclamar que começa a academia e larga logo depois. Eu fico pensando: por que você quer fazer algo que não lhe agrada, que não lhe satisfaz?

Não gostava de jogar bola, de jeito nenhum. Nunca gostei muito de esportes competitivos. A saída? Eu comecei a fazer balé. A dança me fez ganhar paixão por cuidar do meu corpo. E não parei mais.

Era muito pequena quando comecei a dançar, então uma coisa foi puxando a outra. Por esse motivo, acho importante que a gente faça as coisas cedo, o quanto antes. Quando somos mais novos, a gente aprende tudo com mais facilidade.

Mas o maior benefício do que fiz foi ter procurado algo de que eu gostasse, e não apenas imitar minhas amiguinhas. Da dança, eu comecei a malhar, quando tinha treze anos.

TENHA UM MÉTODO PARA SE EXERCITAR

Ir à academia exige que você tenha um ritmo de vida mais organizado. À medida que eu fui crescendo, fui lidando com os exercícios de um jeito mais metódico, para ter sempre aquele corpão que eu desejava.

Um dos segredos fundamentais para quem quer se exercitar é estabelecer um período de tempo para isso. Eu tive de aprender a dedicar o tempo certinho tanto para a escola como para a academia. Fazia pelo menos uma hora de musculação. Com o tempo e os compromissos que foram aparecendo, esse tempo caiu para quarenta minutos.

Isso aconteceu porque eu comecei a fazer trabalhos como modelo, participar de concursos e desfiles de moda. Isso, mais a escola e as lições de casa, tornava a minha rotina cada vez mais puxada.

ENCONTRE MAIS ESPORTES DE QUE VOCÊ GOSTA

Eu sempre batalhei muito para conseguir as coisas que quero. Depois da musculação, eu finalmente encontrei nas artes marciais uma forma de exercitar o corpo da mesma forma que eu conduzo a minha vida.

Vesti as luvas do boxe pela primeira vez aos 21 anos. Eu adoro dar socos e praticar esse tipo de esporte. Ele me força a ser o que eu sou de verdade. Você tem de aprender, com o mesmo braço que dá os golpes, a se defender de maneira eficiente.

Senti que o boxe me tornou uma mulher forte fisicamente, além de reforçar o que já existe no meu espírito. Como a musculação, comecei fazendo uma hora da luta.

Meu corpo inteiro sentiu a diferença nos combates, que tinham o acompanhamento sempre atento de meu *personal trainer*. E essa prática deixou de ser algo que eu fazia apenas para mim e passou a me fazer interagir com mais gente. O boxe é um esporte interativo, excelente para conhecer pessoas.

Não fiquei só nessa. Meu espírito de batalhadora sempre pede por mais. E foi por isso que, aos dezoito anos, eu comecei a lutar jiu-jítsu.

As duas lutas revelam tanto o meu jeito de lidar com a vida como a minha paixão por exercícios físicos. Comecei a fazer uma hora e meia de jiu-jítsu, além de boxe e musculação. Com essa maratona, ter um corpo perfeito começou a se tornar uma obsessão. E aquilo que nós queremos muito traz uma porção de coisas positivas, mas também carrega algumas coisas negativas.

NÃO TENTE O CAMINHO MAIS FÁCIL

Mais ou menos na mesma época em que eu pegava firme na musculação e lutava boxe, passei a utilizar anabolizantes. Eles potencializavam o ganho de massa magra, o que deixava o meu corpo mais rapidamente em forma e adaptado aos exercícios. Qual é o problema com essas substâncias? Elas prejudicavam o funcionamento do fígado e afetavam a minha saúde, além de ser viciantes.

Comecei usando de três em três meses, mas os intervalos foram ficando menores. E eu, satisfeita com os resultados, caía mesmo nessa onda.

O que o anabolizante faz de pior, eu acredito, é tirar o foco dos exercícios apenas para os benefícios estéticos. Isso é péssimo para a sua mente, que deve ter essas experiências físicas. Você acaba enganando seu corpo ao usar esses métodos mais fáceis.

Graças a Deus eu não fiquei nessa por muito tempo. Infelizmente, minha carga de exercícios parou quando eu entrei no *BBB*, aos 27 anos. Dentro da casa, eu não conseguia me concentrar e não fiz muitos exercícios. Eu geralmente preciso da ajuda de um *personal* para fazer tudo certo e cuidar bem do meu corpo.

O CORPO CONVERSA COM A CABEÇA

Hoje eu sou cristã, com muita fé em Deus. E justamente por isso acredito que tudo o que você faz com seu corpo influencia a sua cabeça. O espírito está sempre presente e a gente ganha força de vontade quando acredita em algo.

Quando tive câncer, fiquei completamente desorientada. Mas, aos poucos, fui percebendo que poderia me exercitar e cuidar do meu corpo como sempre fiz. Voltei aos poucos à malhação. Meus médicos acompanharam de perto a minha recuperação. E foi assim que eu não deixei a minha vida parar, em nenhum momento, por causa da doença.

Você precisa ter muita disciplina para fazer bem seus exercícios físicos e não cair em soluções fáceis, que prometem o corpo perfeito, mas acabam com sua saúde. E mais difícil ainda é se exercitar apenas porque você gosta, não por precisar de uma vida mais equilibrada. Eu gostaria que mais pessoas gostassem das coisas que fazem.

Exercitar-se é fazer o que quer, de modo que você tenha benefícios no seu físico e na sua mente. É ter fé de que você pode ter energia para cuidar bem de si. E é levar a vida da melhor maneira possível, sem exageros.

Você não precisa passar muito tempo praticando exercícios e se cuidando, basta separar uma ou duas horas do seu dia. E para conseguir bons resultados, você precisa fazer isso com frequência. Evite anabolizantes e soluções rápidas. Foque no que é importante para cuidar de você.

Sempre sinto que encontro a mim mesma quando faço coisas de que gosto. As pessoas deveriam fazer o que dá na cabeça, sem pensar muito no que os outros vão dizer. Elas devem saber também que não é fácil conseguir nada nesta vida.

Eu tive uma trajetória abençoada, uma carreira de muita sorte e contei com apoios que não esperava. O Brasil inteiro me abraçou, me deu oportunidades e me fez ser quem eu sou hoje. Não é todo mundo que tem esse tipo de sorte.

No entanto, me deixaria profundamente feliz se o pouco que eu digo sobre mim pudesse ajudar as pessoas.

Capítulo 9

O maior segredo de Maria

Minha vida teve muitos momentos felizes, alguns tristes e muita batalha, muitos obstáculos a serem vencidos. Hoje sou uma mulher guerreira, vitoriosa.

Para chegar onde cheguei, tive ajuda de uma família forte, de um temperamento que sempre busca a perfeição e da minha fama. Mas o que realmente me deixa feliz são as pequenas coisas, como acordar, saber que eu estou bem e seguir vivendo. É ver o nascer e o pôr do sol. Só Deus sabe o quanto eu quis isso.

TODA A MULHER TEM SEGREDOS NO AMOR

Amor, para mim, está em todas as coisas e não apenas em um parceiro, namorado ou marido. Passei a ver muito amor em amigos, nos fãs, na minha mãe e em pessoas que compartilharam comigo seus dramas pessoais.

No *BBB*, diante de milhões de brasileiros e brasileiras, eu vivi uma história de amor com o Maurício, o MauMau. E, infelizmente, descobri que ele não cuidava de mim, não me queria da mesma forma que eu o queria, e ainda falava pelas minhas costas. Mau-Mau fez coisas que eu, sinceramente, não esperava. Mesmo assim, com várias decepções, por algum tempo eu continuei interessada nele e correndo atrás.

Esse era um dos meus primeiros segredos no amor. Eu tentava, puramente pela insistência. Eu achava legal tomar a iniciativa, mostrar que estava afim e não esconder nada.

Nunca me arrependi de nada na vida, mas o desgaste que MauMau me causou no *BBB* não valia a pena, me deixou triste e me fez dispensar um homem que só entrou depois no jogo, que foi o Wesley. Médico, com olhos claros e um jeito muito carinhoso, ele estava totalmente na minha. Mas eu não dava bola.

Li aquele livro na casa, conversei com amigos e mudei algo dentro de mim: o amor-próprio. Ele existia, mas eu não acreditava que o desgaste e as humilhações machucavam. Vi que estava sendo maltratada. E foi então que eu disse: "Se você não quer, tem quem queira", e tirei o MauMau da minha vida.

Passei a ter outro segredo dentro de mim: amar as pessoas que realmente me amam, que realmente me querem bem. Foi assim que eu engatei um namoro com o Wesley, por cinco meses. O Brasil todo viu como eu ganhei o *BBB* e ele ficou em segundo lugar no programa. E como saímos juntos. E aquela foi uma experiência muito gostosa.

Terminamos porque, apesar de ter sido bom, tínhamos decidido seguir por caminhos diferentes. Wesley ia viajar para a Califórnia, nos Estados Unidos, e eu ainda ficaria aqui. Não dava para sustentar aquele relacionamento. Mesmo assim, guardo uma recordação dele com muito carinho. Foi uma pessoa importante para aquele momento e para a minha vida.

E amores são assim, são momentos que nos iluminam.

A DOENÇA MUDOU MEU JEITO DE PENSAR

Eu fiquei completamente desorientada ao descobrir que tinha câncer, logo depois que saí do *reality show*. Esse tipo de acontecimento, assim como aquele jogo na televisão, muda tudo na sua vida.

Sempre me preocupei com meu corpo, o que me fez ter uma atenção especial com a saúde. Nessa época, passei a me preocupar 100% comigo e com o meu estado. Mesmo sem chão, sem saber a quem pedir ajuda, eu sabia que precisava de um tempo para me cuidar.

O câncer me fez voltar a conversar bastante com mamãe, que surgiu para cuidar de mim. Dona Alicia deu forças à sua filha querida, e eu sou grata a ela por me fazer acreditar que eu venceria a doença, pouco a pouco.

Não desista, persista e insista eram três regras muito importantes para mim. Eu sempre persisti e sempre fui assim, mas quando você tem uma doença grave, isso se torna urgente.

Tinha fé em Deus de que, um dia, eu olharia o nascer do sol sem preocupações. E batalhei um dia de cada vez.

Aprendi então que, além de conquistar muita coisa na vida, eu poderia ser um exemplo e uma inspiração para as pessoas. Quando o doutor Frederico Costa finalmente disse que minha doença estava controlada, eu resolvi abrir o jogo com o público. Comecei a contar tudo, aos poucos. Em entrevistas, falando com as pessoas que me admiram e nos hospitais por onde eu passava. Cada vez mais encontrava gente realmente feliz por ver uma pessoa vitoriosa, mesmo diante de uma doença tão rara e sendo jovem como eu ainda sou.

Por isso eu decidi escrever este livro. Se as minhas pequenas dicas lhe ajudarem de qualquer forma, isso me deixará profundamente feliz e realizada. O mundo é um lugar fascinante, lindo e abençoado por Deus. Só que eu não quero ser a única pessoa a desfrutar do que existe de melhor nele. Eu quero que todas as pessoas do Brasil tenham a sua chance de fazer a diferença, de caçar a própria felicidade e de fazer as coisas do seu jeito.

Nada é fácil e simples, mas acho que, muitas vezes, o problema maior está em nós e no nosso dom para arrumar complicações.

Isso me faz chegar ao meu principal segredo, que está presente na minha trajetória de vida.

O AMOR SEMPRE SERÁ O CARINHO

Este é o principal segredo da minha vida, que nem é tão secreto.

Homem que quiser me namorar, que quiser estar do meu lado, tem de cuidar de mim. O amor é carinho. E eu vejo isso nas pessoas que amo, principalmente mamãe, papai e Araceli.

A lição mais dura que aprendi durante o câncer é que os homens não estão prontos para cuidar de uma pessoa com câncer. Aliás, poucas pessoas estão realmente dispostas a batalhar ao seu lado. Por isso está muito difícil viver um amor pleno, completo e contagiante, sabe?

Eu sou e pretendo ser sempre uma mulher vencedora, mas a gente não vence as batalhas sem ajuda, carinho e cuidado. Nada é conquistado na vida sem amor. E é isso o que eu realmente busco: sorrisos, beijos, abraços, afeto de verdade.

Eu sorria quando criança e sorrio ainda hoje. As pessoas me olham e não conseguem acreditar que eu venci um câncer raro, que poderia ter me matado. Eu sempre procuro manter o bom humor e não aceito ficar deitada em uma cama, depressiva, jogando a culpa no mundo e nas outras pessoas. Faço o possível para viver plenamente, feliz e com amor.

Tenho o amor infinito de uma família carinhosa, além de amigos presentes e que são praticamente um presente de Deus. Estou na batalha para ter uma carreira artística relevante, para fazer o que mais quero na vida, que é interpretar personagens, fazer televisão e interagir com o público.

Os momentos de dureza que enfrentei foram superados pensando sempre no melhor para mim e para as pessoas que tanto amo. O amor-próprio é fundamental para sempre manter pensamentos bons. Isso nem sempre é fácil, se você não prestar atenção nas próprias atitudes.

Eu dormia com a cabeça pesada por conta da doença, mas acordava sempre feliz, pois era um novo dia.

O maior desafio era manter essa batalha. Desistir sempre parecia mais fácil e simples. Eu decidi não fazer isso, o que exigiu uma força interna grande.

As pessoas que não lhe querem bem acabam pisando em você, menosprezando-o. E o meu segredo me faz, simplesmente, ficar longe dessas pessoas. Quem não me quer bem não merece o meu carinho. E, acima de tudo, quem me quer demonstra carinho, amor, amizade. Essas são as pessoas que devemos proteger e manter por perto. São as pessoas importantes de verdade e interessantes para a nossa vida.

Capítulo 10

Você pode ser bela, milionária e vencedora

*"Ah… Maria… você encantou o Brasil. Com sua doçura, com sua
verdade. Ah, Wesley, você também nos encantou só por ser bem-educado,
atencioso. Mas, convenhamos, Maria, convenhamos, doutor, que surra,
você que queimou tantos neurônios nos livros de Medicina. Foi preciso
trancar o senhor doutor para dar uma aula de rua. Trancar o senhor
em uma casa estranha para dar-lhe uma sova de vida. The wild
side, o lado selvagem. Entrou cheirando a leite. Agora deve estar com
o perfume de Maria. Nobre sentimento da inveja. Você nem sabe o
quanto se transformou, doutor. Só aqui fora, mais tarde, você poderá
se dar conta. Você não é mais o mesmo, mesmo. Quero contar, do
meu jeito, uma adaptação de um conto do Guimarães Rosa chamado
'Substância'. É a história da paixão e do amor incontrolável de um
grande proprietário pela mais humilde de suas funcionárias. Ele fica
louco de amor e só tem olhos para a menina, uma jovem donzela
intocável. Sim, pois ninguém a toca por medo de seu passado. Todos
têm medo dela, apesar da formosura. Medo de seu passado. A mãe dela
não prestava, vagabunda, louca de pedra. O pai, leproso. O homem,
patrão da menina linda e órfã, fica alucinado com ela, vocês podem
imaginar. Não dorme mais, nem fica acordado, é um ser atormentado,
refém de uma decisão: Ou coloca uma pedra sobre o coração e congela,
mata aquela paixão e todos os riscos que ela traz e morre também
sozinho, ou se entrega ao destino e pode morrer de amor. Daqui a*

pouquinho eu termino a história. O fato de as coisas não mudarem há muito tempo não quer dizer que são imutáveis. Reza a lenda, e até faz sentido, que são as mulheres que decidem o BBB. Que elas é que votam mesmo e que mulher bonita e gostosa não vai ganhar nunca. Ah, vai posar nua, fazer novela e o escambau, coisa e tal. Tá com a vida ganha. Até que chega uma mulher, uma linda mulher, que atrai os homens e intriga as mulheres. Até que chega uma mulher que, esfrega não, afaga na cara das mulheres tudo o que elas detestam ser, ter sido ou vir a ser de novo por alguma circunstância. Circunstância que é o homem que não me quer. Então, bonecos, vem essa boneca, de pano, com um sorriso ou feitiço? Sei lá, sorriso no rosto. Não acredito em feitiço, acredito em deuses. E com esse tal sorriso, e com suas lágrimas, ela não apenas sorriu e nem apenas chorou. A propósito, quem é burro mesmo? Bom, eu contei toda aquela história inspirada em Guimarães Rosa, do patrão apaixonado pela empregada humilde e de passado suspeito, só pra usar a frase dele, do homem apaixonado, quando ele finalmente toma a sua decisão. Eu vou usar a frase pra anunciar pra quem vai o BBB11: 'A ela, a única Maria do mundo'."

Pedro Bial, no discurso final do *BBB11*.

Escrever este livro me fez revisitar histórias, minhas e da minha família; me fez rever as decisões que tomei ao longo da vida; me fez enxergar que eu mudei bastante e que, ao mesmo tempo, continuo a mesmíssima menina feliz e sorridente que sempre fui, meio boba com essa coisa bonita que é a vida, mas sempre tentando conquistar o que eu desejo, do fundo do meu coração.

Se você é mulher, eu aposto que vai utilizar muita coisa do que eu escrevi para rever algumas de suas decisões, como eu fiz ouvindo minha mãe Alicia. Se você é homem, acredito que vai entender que não é fácil manter relacionamentos, e que muitas vezes a culpa por algo não dar certo é a falta de cuidado de uma das partes envolvidas.

As histórias de celebridades são muito conhecidas, invejadas e admiradas. A minha história, antes e depois do *BBB11*, mistura o caminho de uma pessoa comum atrás dos sonhos com a de alguém conhecida na televisão por milhões de brasileiros.

Minha história é comum e não é diferente da história de muitos dos que me assistem, me leem e veem o que eu posto na internet. Como fiquei muito conhecida e admirada pelo meu trabalho e pela minha fama, eu quero que vocês se inspirem em tudo o que eu vivi e em tudo o que eu penso para concluírem as melhores coisas sobre suas batalhas e vitórias particulares. Qualquer pessoa pode ser como eu: uma guerreira e uma vencedora.

O momento em que eu mais me senti como um exemplo foi quando entrei em hospitais e em instituições de pessoas com câncer. Foi quando eu finalmente encarei um momento muito difícil de minha vida por meio do ponto de vista de outras pessoas, muitas delas em um quadro muito mais complicado do que o meu. Nem todos têm as mesmas oportunidades no Brasil, porque há muita pobreza e falta de ação do Estado. Não é fácil ter uma boa saúde em nosso país, quando nem mesmo convênios privados cumprem suas obrigações contratuais, o que aconteceu comigo.

O câncer deixa as pessoas mais humildes. Apesar de ser uma doença terrível, que desarma a gente e é totalmente imprevisível, eu tive o privilégio de me tornar mais simples ao batalhar contra ele. O câncer me ensinou coisas que muitos homens e mulheres não param um segundo para pensar. Muitos engolem um tipo de estilo de vida pouco ambicioso, uma forma de amar padronizada e um jeito muito egocêntrico e pobre de enxergar as pessoas.

Eu tinha acabado de me tornar milionária e poderia ter desperdiçado dinheiro em diversões rasas e em pessoas que não valiam a pena. Poderia ter levado uma vida ruim após não pensar direitinho no que faria com o dinheiro. Família e doença me colocaram no caminho certo para decidir o que fazer com o meu futuro.

Eu pensei direito em mim e consegui fazer a história útil para as pessoas.

Não tem sentido ficar milionária, e depois não fazer nada de útil com a conquista.

A palavra que me define, eu acredito, é "amorosa".

Uma pessoa com amor não vive apenas para si mesma e em torno de coisas inúteis. O amor transborda e chega até os outros. Essa é a lição que eu aprendi com as minhas batalhas. Essa é a mensagem que eu quero que atinja as pessoas.

O amor luta contra a morte e vê beleza no sol, no céu e na vida. Se eu tenho esse tipo de amor, eu só vou querer o melhor para todas as pessoas.

Gosto muito de rosa e de branco. Acredito que são cores que simbolizam a paz, de maneiras diferentes. E é nessas cores que eu quero que você pense enquanto lê minha história. São cores que refletem nosso espírito. Como acredito em Deus e em Jesus Cristo, quero que você tenha a paz Deles, acreditando na religião ou não.

Os sonhos, para mim, não estão distantes. Meu maior sonho é viver bem cada dia. E isso já está acontecendo. Fazer este livro foi como ter um alívio após o período conturbado do câncer. Fez um bem danado para a minha saúde após a cirurgia de extração do fígado. Não é todo mundo que vive assim hoje e eu sei disso.

Tem gente que acha que eu sou apenas uma mulher gostosa sem cérebro. Isso não é verdade. Ao contrário de muitas pessoas por aí, eu realmente corro atrás do que quero e do que gosto.

Muitos homens são preconceituosos com mulheres poderosas, mas fazem exatamente o que eu faço: procuram satisfazer seus desejos. Eu não tenho preconceitos com a maioria das pessoas. Não julgo pelas aparências e realmente gosto de relacionamentos simples. Hoje, se uma pessoa não me quer direito ou me menospreza de alguma forma, eu tenho amor-próprio para seguir em frente.

As mulheres têm direito de ser gostosas, de ter o corpo que desejam, sem preconceito de outras mulheres e ainda mais dos homens, muitos deles machistas. O Bial mesmo falou, quando eu ganhei o *BBB*, que as pessoas enxergam mulher gostosa como alguém que tem "a vida ganha".

Quero informá-las que nada foi fácil para mim. Tudo o que fiz foi com muito suor e vontade de aprender e melhorar. Por isso, faça um favor a você mesmo e não julgue as pessoas pelas aparências. Há muita modelo batalhadora. E eu me identifico com todas elas. Quero que elas me leiam e aprendam com tudo o que vivi, os altos e baixos da minha carreira.

Tenho um carinho enorme pela AACC, pelas crianças com câncer que eu visitei e pelas pessoas com dificuldades de saúde que conheci. Muita gente disse que, só de ouvir a minha história, ganhou força para combater os próprios problemas.

E eu aprendi demais com histórias de gente comum. Gente que não tem condições de pagar médico, mas continua acreditando que vai vencer. E gente que tem todas as condições, mas que ainda não desenvolveu a coragem. Vi gente diferente.

Quando tenho oportunidade de dar palestras, eu não conto a minha história apenas por ser quem eu sou, mas sim para ver o que as pessoas podem me dizer.

Toda vez que eu faço isso, é emocionante. Porque eu sempre fico um pouco chorosa com algumas histórias peculiares. Eu olho as pessoas em tratamento e vejo na minha cabeça o filme de suas vidas. Eu sei que é difícil essa batalha e não tem dinheiro que pague um carinho, uma atenção no momento certo, uma palavra, uma força que você está doando para a pessoa.

Diversas vezes eu tive vontade de abraçar as pessoas e eu falava que ia dar tudo certo, tentava passar uma positividade.

Eu acho que as pessoas deveriam tentar passar isso entre si.

Viajei muito e tive a cabeça aberta para ouvir todo mundo.

O Brasil infelizmente é um país com muita desigualdade social, violência e problemas econômicos. É muita gente pobre e sem condições para se sustentar. Eu queria que não tivéssemos essas coisas, mas muita gente não tem as mesmas oportunidades que eu tive de atendimento médico, por exemplo.

O governo precisa abrir os olhos para o tratamento do câncer, especialmente os de tipo raro. Uma pessoa com salário mínimo jamais teria condições financeiras para tratar um câncer raro no fígado, como o que eu tive. Mesmo com a ajuda de convênios médicos, que falharam algumas vezes, tive de desembolsar 150 mil reais para fazer exames e procedimentos médicos, como a biópsia.

Além desses problemas de estrutura, em nosso país convivemos diariamente com violência urbana e abusos das autoridades. Tenho medo, até hoje, de ser assaltada em São Paulo. Também existe o problema dos abusos que homens cometem com as mulheres. Não podemos deixar as coisas continuarem da forma que estão.

Lute pelos seus direitos. Lute contra a violência perto de você e cobre que as autoridades punam exemplarmente os bandidos.

Felizmente, eu tive a oportunidade de viajar pelo Brasil todo. Isso aconteceu tanto pela minha carreira no teatro como pela fama com o *BBB*. Após conhecer pessoas, culturas, cidades e estados tão diferentes, eu realmente acredito neste país. Minha fé nos brasileiros e no Brasil não muda. Fica sempre positiva, porque eu sempre tento buscar o lado positivo da vida.

Eu sou assim e não vou mudar.

Eu acho que mais pessoas precisam pensar assim. Os governantes e as empresas precisam fazer sua parte, acreditando que o Brasil pode ser afetado positivamente pelas boas ações. E as pessoas precisam cobrar as autoridades para que exista clima para a gente ficar mais otimista.

Todo mundo precisa, aos poucos, fazer a sua parte.

Não sou otimista à toa. Tento refletir isso nas coisas que penso e faço, e no que está escrito neste livro. Enfrentei altos e baixos. Fui uma pessoa comum, alcancei a fama e hoje acredito que todo mundo precisa se ajudar de alguma forma. As pessoas podem olhar minha história por esse prisma e descobrir o que fazer com a vida delas.

Há um filme de que eu gosto e que me define um pouco, eu acredito.

À procura da felicidade é um filmão com o Will Smith que sempre me emociona. Conta a história de um homem chamado Chris Gardner, vendedor de aparelhos médicos, que estava falido e tinha acabado de ser abandonado pela esposa. Perdido e tendo que criar o filho, ele conseguiu fazer um curso para virar um corretor de ações. A iniciativa e a perseverança dele foram fundamentais para que ele, mesmo com pouquíssimo dinheiro, tivesse sucesso.

Histórias como essa me fazem perceber que nós precisamos de bons exemplos, de inspirações e de incentivos para batalhar pelos nossos sonhos.

Precisamos de paz, de boas histórias e de tranquilidade para encarar os problemas, por piores que eles sejam.

Mamãe é uma pessoa que sempre está nos meus pensamentos. Mas também me lembro com carinho de meu pai Vicente. Ele foi uma pessoa incrível, muito presente na minha infância e em parte da minha adolescência. Era muito humano e compreensivo. Faleceu, infelizmente, de infarto. Fumante até perto de morrer, ele foi acompanhado por dona Alicia, que é cardiologista.

Papai e mamãe nunca foram casados no papel, mas com eles eu sempre me senti dentro de uma família, plenamente amparada, mesmo quando eles se separaram. Os dois foram grandes amigos, mesmo depois de se afastarem. No fim da vida, seu Vicente ligava para minha mãe para bater papo sobre as muitas coisas que estavam acontecendo em nossas vidas, além das notícias do resto do mundo.

Meus pais, assim como o restante de minha família, são muito diferentes de mim. Mesmo assim, eles receberam com muito carinho e amor a notícia de que a filha deles tinha se tornado uma pessoa que estava exposta na mídia.

Até hoje, mamãe se incomoda um pouco com o assédio dos fãs. Mas ela fez questão de ir me abraçar quando eu venci o *BBB*. Meus familiares fizeram torcida, rezaram e muitos tinham a certeza de que eu era uma verdadeira vencedora.

E eu precisei de toda aquela força, porque eu teria de encarar uma doença que não seria fácil. Todo o apoio era necessário quando eu não sabia mais se acordaria bem ou se teria de correr para um hospital. Minha mãe e eu soubemos compartilhar frustrações, dúvidas e, acima de tudo, cada uma de nossas conquistas.

Mãe e pai são coisas fundamentais na vida. Dona Alicia é como uma joia preciosa que eu coloco em um pedestal, em uma redoma protegida. Eu sempre digo que ela é a pessoa mais importante para mim. Temos de respeitar nossos pais e amá-los sempre. Eles podem ter os maiores defeitos do mundo, mas é neles que começa o amor. O relacionamento que temos com eles é eterno.

Eu não acho certo pessoas que ficam anos sem falar com os pais, eles podem deixá-lo triste, mas eles são aquelas pessoas que estarão ali para levantá-lo. Temos, sempre, que honrar pai e mãe. E a família.

Os fãs são uma coisa imprevisível.

Eles montam blogs, fazem enquetes e querem comentar sobre você. Quando você se torna alguém que aparece na televisão, eles querem saber de tudo. A Iza, minha grande fã, sabe muito sobre isso. Ela organiza boa parte das minhas redes sociais e me avisa das mensagens fofas que as pessoas fazem questão de mandar. Todo dia tem novidade.

Muito da minha recuperação aconteceu graças a esse carinho. E muito da minha carreira melhorou graças ao esforço de tanta gente querida. Esse amor todo não tem explicação nem palavras.

Foram milhões de mensagens. Nem eu sabia que era tão amada assim. Às vezes você não sabe a real dimensão do sentimento das pessoas, não tem noção de como a sua mensagem atravessa o coração delas.

Eu gostaria, de verdade, entre as coisas boas e os defeitos, que as pessoas enxergassem a minha história como a de uma pessoa equilibrada. Uma pessoa que fez o que queria, sem arrependimentos, mas que sempre se preocupou com a saúde e com o bem-estar. Às vezes eu fiz isso da maneira certa. Às vezes eu errei, e espero que os meus erros rendam vários aprendizados para todos.

Para ter uma saúde equilibrada, é suficiente uma alimentação balanceada e alguns exercícios. É só isso e mais nada que deu certo na minha vida. Pode ser que na sua vida seja diferente, mas é essa a lição que eu quero passar, de maneira sincera. Você também deve ter hábitos saudáveis, como não beber álcool e não fumar. Tudo isso, a longo prazo, tem um efeito colateral.

Não quero dizer que nunca bebi. Mas eu recomendo, de coração, que você tenha cuidado com a sua saúde e evite bebidas que fazem mal ao fígado. Tem gente que reclama: "Ah, vou ficar careta". Desculpe, mas a vida é mesmo assim.

Você colhe o que planta.

Se eu usar coisas que me fazem mal, essas coisas vão me trazer consequências. E eu não tenho mais ilusões quanto a isso.

Alguns pensamentos deveriam ser mais presentes na vida das pessoas. A mente atrai determinados pensamentos conforme você pensa mais. É um processo que sempre continua.

É bom sempre pensar coisas boas. Pensar no lado positivo de tudo o que aconteceu. Quando nos lembramos das coisas ruins, o pensamento tem uma força para fazer tudo dar errado. Não seja assim. Tenha uma leveza maior com a vida.

Eu posso estar com o maior problema do mundo, mas com meu pensamento positivo e correndo atrás, consigo superar aquela situação. Vencer é algo sempre que está na minha mente. Tudo melhora com isso na cabeça. A gente tem que insistir em determinadas ideias.

Existem coisas ruins que eu sequer lembro direito. E é melhor assim.

Tristeza faz parte da vida e ninguém é feliz 24 horas por dia. Mas as felicidades são momentos que temos de aproveitar. Você está ali feliz e deve lembrar daquilo para o resto da vida. Quando morremos, isso é tudo o que nos resta: lembrar do que realmente foi bom, gostoso, prazeroso e enriquecedor.

Existe, em tudo o que eu faço e penso, uma vontade de viver. E é isso que eu quero que você tenha no seu dia a dia. Não é fácil, mas, aos poucos, qualquer um consegue fazer isso dentro de sua vida, pensando de forma mais simples.

Como nada é por acaso, hoje eu vejo que a carreira como modelo, o *BBB* e o câncer foram coisas completamente diferentes que fazem sentido com a minha vida inteira. Cada um carrega a cruz que deve carregar. Se, em um dia, eu ganhei o *BBB* e, na sequência, descobri uma doença grave, eram coisas que deveriam mesmo acontecer. Eu tinha de viver aquilo, era coisa do destino. Eu não penso de modo negativo, que o câncer foi apenas um problema. Eu consigo pensar, hoje, que isso foi uma chance para eu ajudar pessoas diferentes que passaram e que estão passando por essa doença complicada.

Eu poderia ficar revoltada e até negativa com tudo o que aconteceu. Acho que foi uma oportunidade para eu pensar de outra forma no mundo e nas pessoas. E de acreditar que o destino e Deus me entregaram uma missão. Essa missão é dar a minha vida como exemplo para as pessoas que precisam da minha ajuda. Hoje eu sou outra pessoa, com outra visão.

A necessidade de ir ao médico sempre foi muito clara para mim, porque minha mãe é médica. Mas não é clara na vida de muitas pessoas. Por isso, sempre faça exames. Se você souber de uma doença no começo, qualquer uma, mesmo um câncer, é sempre mais simples tratá-la.

Uma doença é uma doença e nós temos de encará-la no momento em que a gente descobre e pode cuidar dela. Mesmo as pessoas mais equilibradas, que praticam exercícios, possuem uma boa dieta e se mantêm longe da bebida e do tabaco não estão imunes a ter uma doença grave. Você tem de saber lidar com as dificuldades que aparecem e não se entregar à gravidade de qualquer problema.

As pessoas precisam deixar de ter aquele pensamento: "Eu estou com esta doença pesada porque eu mereço, porque eu não fui uma boa pessoa, porque eu fiz algo de errado no passado, porque eu deixei de fazer várias coisas". A gente não pode se render e achar que uma situação que pode acontecer com todo mundo é uma opção sem saída para nós. Não somos tão especiais assim. Somos especiais, sim, quando temos força de vontade para superar os problemas e continuar com a nossa vida de cabeça erguida.

Cada problema em nossas vidas é como obstáculos. Temos que encará-los e superá-los. A gente amadurece a cada um deles. Nada é por acaso nem motivo para se lamentar. A gente não deve se jogar da janela e desistir. Você tem de encarar de frente o seu problema, sem fugir dele.

Recentemente, a mãe de um amigo faleceu porque não queria fazer quimioterapia para o câncer de mama. Não adianta fingir que não tem um problema ou que não existe tratamento. Você tem de se tratar, tem de encarar e, mesmo assim, tem gente que acha que dá para esperar, que curte a vida como se não houvesse amanhã, de uma maneira até irresponsável.

A gente precisa resolver as nossas pendências e os nossos desafios. Mantenha sempre uma preocupação com você, de corpo e de alma. Viva a realidade, seja ela qual for, com as dificuldade que ela trouxer.

O amor é uma coisa que sempre muda para mim.

Quando eu tinha 18 anos, era uma coisa. No *BBB*, era algo diferente. Depois da doença, mudou de novo. A gente vai amadurecendo. E isso tem a ver com o meu maior segredo: eu preciso sempre amar, ter carinho e aproveitar esses momentos de amor.

Lógico que essas mudanças e essa forma constante de amar estão relacionadas à minha capacidade de sempre aprender sobre sentimentos. A gente sempre precisa estar disposto a aprender. Lidamos com gente que é parecida conosco, com pessoas diferentes e com pessoas que querem nos dar amor.

Quando a gente é mais novo, é mais comum ter aquela paixão louca e querer fazer tudo pela pessoa. Foi isso que eu vivi no *BBB* pelo MauMau. Eu não tive medo de ir atrás naquela situação. E continuo não tendo medo de ir atrás do que eu quero. Tenho, sim, medo de me arrepender das coisas que não fiz. Gosto sempre de dizer que eu tentei. É melhor do que deixar as oportunidades simplesmente passarem.

Na vida, nós evoluímos cada vez mais. E isso envolve aprender a amar de formas diferentes. O amor é fundamental na minha vida, que, graças a ele, é repleta de felicidade.

Tenho certeza de que, quando tiver 50 anos, terei uma visão completamente diferente da minha história. E uma noção muito mais rica sobre como é amar.

Nunca diga nunca no amor e na paixão.

E não existe um botão que a gente aciona para dizer que está afim de uma pessoa. Parece complicado, mas não é. Dá para entender bem essas coisas, ainda mais quando você tem mais experiência. Tem coisa melhor do que ser amado ou amar? As coisas vão acontecendo com naturalidade.

No começo, eu neguei minha doença, porque não sabia o que estava acontecendo. Um câncer não é simples. Mas, depois, descobri que essa foi a melhor decisão que eu tomei. Meus fãs sempre me deram forças e mandaram mensagens, mesmo sem saber exatamente o que acontecia comigo. Mas aquela era a minha luta.

Se o meu combate contra o câncer e a minha busca por uma saúde equilibrada puder inspirar mulheres e encorajar os homens, para mim será o suficiente. E, quando eu finalmente abri o jogo com o Brasil, eu me senti completamente abraçada. Eu senti aconchego. Ninguém me chamou de mentirosa, porque as pessoas sabiam que eu precisava de privacidade naquele momento difícil. Ninguém me recriminou por eu ter me omitido quando descobri a doença.

E eu tive medo naquela época. Tinha medo de os fãs se voltarem contra mim e ficarem chateados. Mas eles compreenderam e me deram o maior apoio.

Não é simples encarar uma doença e eu senti que talvez eu devesse contar com a ajuda de mais pessoas. Às vezes eu me pego pensando se eu deveria ter contado tudo. Como seria diferente. Hoje as pessoas me respeitam tanto...

Mas é muito difícil falar sobre a doença. Nessas horas, a gente precisa de um pouco de privacidade. Eu precisei entrar em contato com os meus pais, com o meu círculo de amizades mais íntimo, para conseguir forças para explicar a história da melhor forma para os fãs e apoiadores.

A imprensa divulgou as informações da melhor forma, o que fez um monte de gente ficar muito sensibilizada com o que aconteceu. Tudo acabou muito bem.

As pessoas respeitaram minha decisão e eu sou eternamente grata por tanto carinho e amor. Eu me senti acolhida pelos fãs, como se eu estivesse no colo das pessoas, com todos dizendo: "Maria, nós estamos com você!"

UM LIVRO PARA CADA TIPO DE MULHER...

— Para as que sabem o que querem... —

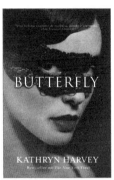
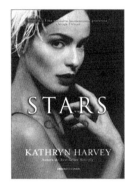
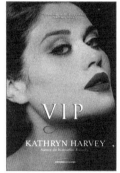

Para as românticas...

  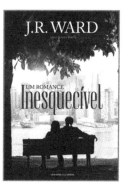

Para as independentes...

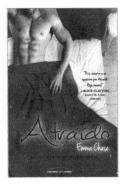

Este livro foi composto nas fontes Neutraface Text, Bembo
e impresso em papel *Off set* 90 g/m² na Assahi.